रज़ा
पुस्तक माला

गीज़र्स

पत्राचार

वढेरा आर्ट गैलरी से प्रकाशित अँग्रेज़ी पुस्तक Geysers का हिन्दी अनुवाद।

रज़ा फ़ाउण्डेशन | THE RAZA FOUNDATION

गीज़र्स

सैयद हैदर रज़ा और
अन्य कलाकार मित्रों
के बीच पत्राचार

अँग्रेज़ी से अनुवाद

वर्तुल सिंह

राजकमल प्रकाशन

रज़ा पुस्तक माला : **पत्र** | **अनुवाद**
प्रधान सम्पादक : अशोक वाजपेयी | सम्पादक : पीयूष दईया
राजकमल प्रकाशन प्रा.लि. और रज़ा फ़ाउण्डेशन का सह-प्रकाशन

ISBN-978-93-90971-02-2

मूल्य : ₹695

पहला संस्करण : 2021

प्रकाशक : राजकमल प्रकाशन प्रा. लि.
1-बी, नेताजी सुभाष मार्ग, दरियागंज
नई दिल्ली-110 002

शाखाएँ : अशोक राजपथ, साइंस कॉलेज के सामने, पटना-800 006
पहली मंज़िल, दरबारी बिल्डिंग, महात्मा गांधी मार्ग, इलाहाबाद-211 001
36 ए, शेक्सपियर सरणी, कोलकाता-700 017

वेबसाइट : www.rajkamalprakashan.com
ई-मेल : info@rajkamalprakashan.com

मुद्रक : यश प्रिंटोग्राफिक्स
ग्रेटर नोएडा-210 310 (उत्तर प्रदेश)

GEYSERS
Sayed Haider Raza aur Any Kalakar Mitron ke Beech Patrachar
Translated by Vertul Singh

आमुख

कलाओं में भारतीय आधुनिकता के एक मूर्धन्य सैयद हैदर रज़ा एक अथक और अनोखे चित्रकार तो थे ही उनकी अन्य कलाओं में भी गहरी दिलचस्पी थी। विशेषतः कविता और विचार में। वे हिन्दी को अपनी मातृभाषा मानते थे और हालाँकि उनका फ्रेंच और अँग्रेज़ी का ज्ञान और उन पर अधिकार गहरा था, वे, फ्रांस में साठ वर्ष बिताने के बाद भी, हिन्दी में रमे रहे। यह आकस्मिक नहीं है कि अपने कला-जीवन के उत्तरार्द्ध में उनके सभी चित्रों के शीर्षक हिन्दी में होते थे। वे संसार के श्रेष्ठ चित्रकारों में, २०-२१वीं सदियों में, शायद अकेले हैं जिन्होंने अपने सौ से अधिक चित्रों में देवनागरी में संस्कृत, हिन्दी और उर्दू कविता में पंक्तियाँ अंकित कीं। बरसों तक मैं जब उनके साथ कुछ समय पेरिस में बिताने जाता था तो उनके इसरार पर अपने साथ नवप्रकाशित हिन्दी कविता की पुस्तकें ले जाता था : उनके पुस्तक-संग्रह में, जो अब दिल्ली स्थित रज़ा अभिलेखागार का एक हिस्सा है, हिन्दी कविता का एक बड़ा संग्रह शामिल था।

रज़ा की एक चिन्ता यह भी थी कि हिन्दी में कई विषयों में अच्छी पुस्तकों की कमी है। विशेषतः कलाओं और विचार आदि को लेकर। वे चाहते थे कि हमें कुछ पहल करनी चाहिये। २०१६ में साढ़े चौरानवे वर्ष की आयु में उनकी मृत्यु के बाद रज़ा फ़ाउण्डेशन ने उनकी इच्छा का सम्मान करते हुए हिन्दी में कुछ नयी क़िस्म की पुस्तकें प्रकाशित करने की पहल *रज़ा पुस्तक माला* के रूप में की है, जिनमें कुछ अप्राप्य पूर्व प्रकाशित पुस्तकों का पुनर्प्रकाशन भी शामिल है। उनमें गाँधी, संस्कृति-

चिन्तन, संवाद, भारतीय भाषाओं से विशेषत: कला-चिन्तन के हिन्दी अनुवाद, कविता आदि की पुस्तकें शामिल की जा रही हैं।

२०२१ रज़ा जन्मशती शुरू हो रही है। इस दौरान हमारी कोशिश रज़ा से सम्बन्धित विविध सामग्री हिन्दी में लाने की है। यह पुस्तक उसी कोशिश का हिस्सा है।

अशोक वाजपेयी

दिसम्बर २०२०, नयी दिल्ली

गीज़र्स
सैयद हैदर रज़ा और उनके कलाकार मित्रों के बीच पत्राचार

गीज़र्स
सैयद हैदर रज़ा और उनके कलाकार मित्रों के बीच पत्राचार

रज़ा के व्यक्तिगत संग्रह से इस शृंखला का यह दूसरा खण्ड—पत्राचार में रज़ा—प्रस्तुत किया जा रहा है। यह संकलन मुख्य रूप से उस दौर से सम्बन्धित है जब भारत में आधुनिक कला आन्दोलन सक्रिय होकर एक आकार ले रहा था, और रज़ा और उनके मित्र यानी हुसेन, सूज़ा, बाकरे, बाल छाबड़ा, अकबर पदमसी, रामकुमार, तैयब मेहता, गायतोण्डे, परम्परा के पुनरुत्थान के इस ऐतिहासिक संघर्ष में शामिल थे जहाँ वे, उस अधिकांशतः भारतीय आधुनिकतावाद की रचना कर रहे थे जोकि दर्शन और शैली की बहुलता में निहित था और जिसमें आलोचनीयता तथा ग्रहणशीलता दोनों का समावेश था। वे एक-दूसरे से पत्रों के द्वारा अपने व्यक्तिगत मुद्दों के साथ-साथ उस सौन्दर्यशास्त्र पर भी चर्चा किया करते जिसे वे व्यक्त करने का प्रयास कर रहे थे। वे अपने हर्ष, चिन्ता तथा सरोकारों का साझा करते, और यदाकदा वित्त और आवास भी। वे एक-दूसरे के प्रयासों तथा समस्याओं, सफलताओं और असफलताओं के प्रशंसक थे तथा कभी-कभी एक-दूसरे के प्रति सहज तथा निष्पक्ष विचारों को भी व्यक्त करने में संकोच नहीं करते। इन पत्रों के माध्यम से हम उस दौर के एक बेहद अन्तरंग स्वगत ख़ाका और साथ ही एक वैयक्तिक प्रक्षेपवक्र को भी चित्रित कर सकते हैं जो इन कलाकार मित्रों और कामरेड्स ने उकेरा।

हमने तीन कला समीक्षकों रुडोल्फ वॉन लेडेन, ई. लंघमार और वाल्टर लंघमार के पत्रों को भी शामिल किया है चूँकि ये तीनों समीक्षक इन

कलाकारों के समूह के सबसे प्रारम्भिक और संवेदनशील समर्थक थे। छियानवें पत्रों को कालक्रम के अनुसार क्रमबद्ध किया गया है और कुल मिलाकर इन पत्रों ने कमोबेश, अतीतलक्षी ढंग से १९४८ से १९८८ तक के भारत और फ्रांस के कलात्मक परिवेश का निर्माण किया है। दुर्भाग्यवश हमारे अथक प्रयासों के बावजूद, रज़ा द्वारा अपने मित्रों को लिखे पत्रों को प्राप्त करने में हम विफल रहे। इनमें से कुछ तो नहीं रहे और कइयों ने उनके पत्रों को संरक्षित नहीं रखा जैसे कि रज़ा ने उनके रखे थे। बहरहाल! जहाँ भी रज़ा ने अपने पत्रों की एक प्रति रखी वहाँ से हमने इसे शामिल किया है। ऐसे कई पत्र हैं जो कई लोगों को सम्बोधित हैं और एक-एक कर लोग इन्हें पढ़कर इनके उत्तर देते थे। कई बार पोस्टेज का ख़र्च बचाने के लिये रज़ा के साथ अन्य प्रेषितों को भी सम्मिलित किया जाता और ऐसी अपेक्षा की जाती थी कि रज़ा इसे पढ़ने के बाद प्रेषितों को आगे भेज देंगे।

वैसे तो ये पत्र कहीं से भी साहित्यिक पत्र नहीं हैं लेकिन, कई वर्षों से कलाकारों के बीच मित्रवत् और स्पष्ट पत्राचार से एक नयी भाषा और विशिष्ट शब्दावली की उत्पत्ति हुई। बाल छाबड़ा ने बेहद असाधारण शब्दों का उपयोग जैसे 'फतंग', 'पोप्दी', 'अ ला कार्ट पोप्दी', 'गीज़र्स' इत्यादि का एक बहुत ही व्यक्तिगत वाग्व्यवहार के साथ किया है। हमने एक पुराने अँग्रेज़ी शब्द 'गीज़र्स' को इस खण्ड के शीर्षक के लिये चुना है जिससे वे अपने सभी मित्र कलाकार को सम्बोधित किया करते थे।

सम्पादन के दौरान ऐसा पाया गया कि अनेक बेतारीख़ पत्रों को उनके पत्र-व्यवहार की ठीक-ठीक तिथि और उनके सन्दर्भ को जानने के लिये शोध की आवश्यकता है। ऐसा ही एक पत्र मक़बूल फ़िदा हुसेन के नाम तैयब मेहता का था, जिसमें उन्होंने उनको अपने स्केच 'अ मैन विथ दंदूका' की व्याख्या की थी। ऐसे और कई अन्य पत्रों को उनके कालक्रम अनुसार, यथास्थान रखने का हमारा पुरजोर प्रयास रहा है। और जिन पत्रों को हम उनकी विषय-वस्तु के कारण उनकी अवधि निर्धारित नहीं कर पाये, उन्हें अन्त में स्थान दिया गया है।

दो साल पहले रज़ा फ़ाउण्डेशन के द्वारा यह प्रयास उन सभी पत्र-व्यवहारों को संगृहीत करने का किया गया जो रज़ा, कला समीक्षकों और उनके मित्र कलाकारों के दरमियान हुआ था। इस कठिन कार्य में उनके किसी

मित्र कलाकारों से हमें कोई प्रोत्साहन नहीं मिला, कृष्ण खन्ना के अलावा, जिन्होंने 'पत्र-व्यवहार में रज़ा' की पहली श्रृंखला—'माई डिअर' में हमारा विनम्रतापूर्वक साथ दिया।

इस पुस्तक को रज़ा फ़ाउण्डेशन की ओर से प्रकाशित करने और वित्तीय सहयोग के लिये हम वढेरा आर्ट गैलरी के आभारी हैं।

—अशोक वाजपेयी

अनुवादक की क़लम से

सैयद हैदर रज़ा और उनके आत्मीय मित्रों के बीच अत्यन्त महत्त्वपूर्ण पत्रों की पुस्तक 'गीज़र्स' का हिन्दी अनुवाद मेरे लिए अत्यन्त महत्त्वपूर्ण तथा रोमांचक अनुभव से भरा हुआ था। अनुवाद कार्य अपने आप में अत्यन्त महत्त्वपूर्ण कार्य है। यह श्रम साध्य तथा समय साध्य कार्य है। अनुवाद अपने आप में एक जटिल प्रक्रिया भी है। अनुवाद कार्य के साथ यह अकसर जुड़ा होता है कि अनुवाद बहुत नीरस कार्य है। किन्तु मेरे लिए ऐसा बिल्कुल नहीं था। वस्तुतः अनुवाद कार्य बेहद रचनात्मक तथा गम्भीर कार्य है। यह रचना की पुनर्रचना है। स्रोत भाषा से लक्ष्य भाषा में भाव का अन्तरण बहुत गम्भीर विषय है। 'गीज़र्स' का अनुवाद करते हुए मुझे एक ओर अनुभव संसार की विविधता से गुज़रना पड़ा, वहीं दूसरी ओर रज़ा साहब तथा उनके आत्मीय मित्रों रामकुमार आदि के मध्य हुए अत्यन्त महत्त्वपूर्ण वैचारिक आदान-प्रदान को जानने और समझने का अवसर भी प्राप्त हुआ। इसलिए यह कह सकता हूँ कि यह कार्य मेरे लिए दोहरे फायदे का रहा।

कला का अपना संसार है। उसके अपने शब्द हैं। अपने पारिभाषिक शब्द हैं। अपना सौन्दर्य-बोध है। पत्रों में अनेक स्थानों पर चित्रकला से सम्बन्धित अनेक आन्दोलनों तथा सौन्दर्य-बोध के पारिभाषिक शब्दों को अनूदित करते हुए मुझे एक ओर मूल अर्थ की चिन्ता थी, वहीं दूसरी ओर हिन्दी में उसके समानार्थी शब्द को यथास्थान रखने तथा हिन्दी कला क्षेत्र में उसके प्रयोग को समझने की जिज्ञासा भी थी। पत्रों में अनेक स्थानों पर फ्रेंच शब्दों का प्रयोग हुआ है। फ्रेंच शब्द का हिन्दी अनुवाद काफ़ी जटिल रहा। फ्रेंच को पहले अँग्रेज़ी में और फिर अँग्रेज़ी से हिन्दी में अनूदित

करने की प्रक्रिया को अपनाया गया। इससे एक बात तो यह हुई कि अनुवाद में शब्द के मूल अर्थ से विक्षेप भी नहीं हुआ तथा हिन्दी अनुवाद में उसके मूल भाव की व्यंजना भी हुई।

पत्रों का अनुवाद करते हुए मैंने स्वयं को समृद्ध अनुभव किया। अनुवाद की पूरी यात्रा अत्यन्त दिलचस्प और रोचक रही। रोज़ कुछ न कुछ नया सीखने को मिला। पत्रों का अनुवाद करते समय कला के क्षेत्र में चल रहे तत्कालीन कला आन्दोलनों की बारीक़ियाँ जानने को मिलीं तथा चित्रकारी की दुनिया की बहुत-सी नामचीन हस्तियों से तथा उनके कार्य-महत्त्व से परिचित हो सका। अनुवाद करते समय मैंने इस बात पर अधिकतर ध्यान दिया है कि हिन्दी का पाठक वर्ग रज़ा साहब तथा रामकुमार आदि मित्रों के मध्य हुए आत्मीय पत्राचार को संवेदनात्मक रूप से ग्रहण कर सके, साथ ही साथ चित्रकारी जैसी कला की दुनिया से भी परिचित हो सके। यही कारण रहा है कि अनुवाद की भाषा प्राय: सरल रखी गयी है। कठिन प्रसंगों में हू-ब-हू शब्दानुवाद न करके यथासम्भव भावानुवाद करने की चेष्टा रही है। इससे पुस्तक के पाठक को समझने में कोई भाषाई असुविधा नहीं होगी।

इस महती कार्य में श्री पीयूष दईया जी ने बहुत सहयोग किया, उनके साथ हुई चर्चाएँ इस अनुवाद कार्य में बहुत सहायक हुईं। पीयूष जी का हार्दिक आभार। अनुवाद का पहला ड्राफ़्ट डॉ. अविचल गौतम ने देखा, उन्हें बहुत आभार और आशीष।

आज मुझे बहुत ख़ुशी हो रही है कि यह कार्य बहुत सुन्दर और सुरुचिपूर्ण रूप से सम्पन्न हुआ। शीघ्र ही चित्रकारी कला की दुनिया की अत्यन्त महत्त्वपूर्ण पुस्तक पाठकों के बीच होगी। चित्रकला संसार में रुचि लेने वाले सुधी पाठक इसका आस्वाद कर सकेंगे। इसके महत्त्व को समझ सकेंगे। इस मौक़े पर मैं पुस्तक के सम्पादन तथा प्रकाशन से जुड़े हुए सभी लोगों का धन्यवाद अदा करता हूँ! बधाई देता हूँ! अभिनन्दन करता हूँ! अनन्त शुभकामनाएँ... !

—वर्तुल सिंह

क्रम

AIR MAIL
INDIA
POSTAGE 25 N.P.
INDIA
Mon. S. H. Raza,
15 Rue Paul Bert,
Paris 11e
France

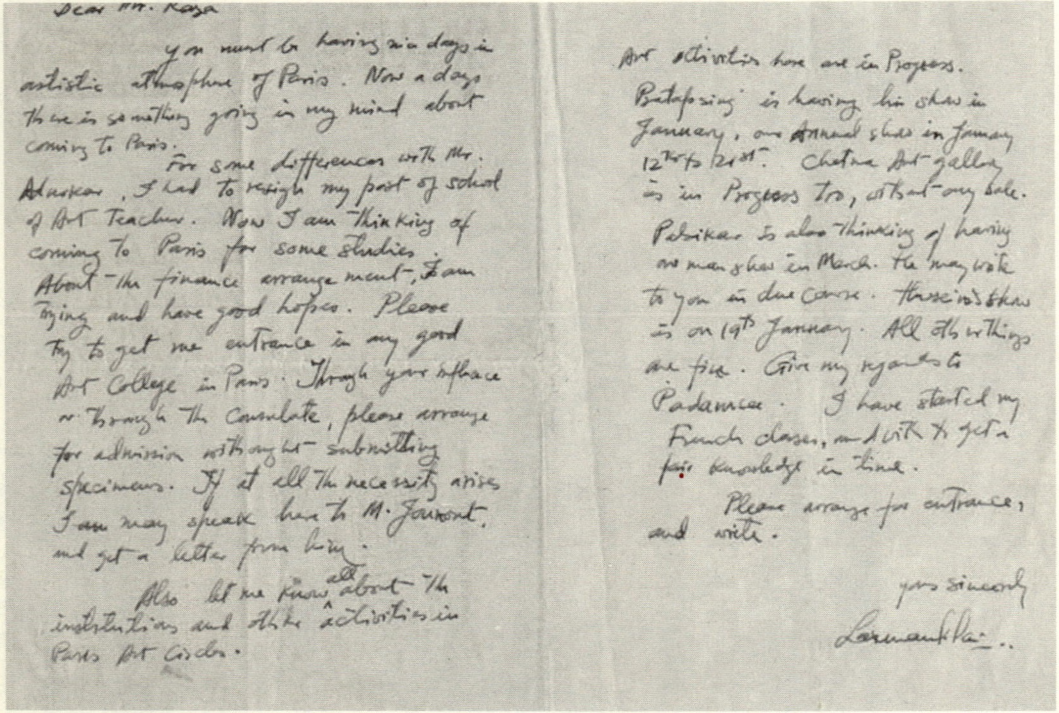

Dear Mr. Raza

You must be having nice days in artistic atmosphere of Paris. Now a days there is something going in my mind about coming to Paris.

For some differences with Mr. Adurkar, I had to resign my post of school of Art Teacher. Now I am thinking of coming to Paris for some studies. About the finance arrangement, I am trying and have good hopes. Please try to get me entrance in any good Art College in Paris. Through your influence or through the Consulate, please arrange for admission without submitting specimens. If at all the necessity arises I am may speak here to M. Jaurent, and get a letter from him.

Also let me know all about the institutions and other activities in Paris Art circles.

Art activities here are in Progress. Bhatposing is having his show in January, our Annual show in January 12th to 21st. Chetna Art gallery is in Progress too, without any sale.

Palsikar is also thinking of having one man show in March. He may write to you in due course. Hussain's show is on 19th January. All other things are fine. Give my regards to Padamsee. I have started my French classes, and wish to get a fair knowledge in time.

Please arrange for entrance, and write.

Yours sincerely

Laxman Pai ..

लक्ष्मण पै का पत्र

प्रिय श्री रज़ा,

पेरिस के कलात्मक माहौल में तुम्हारे अच्छे दिन बीत रहे होंगे। आजकल, पेरिस आने के बारे में मेरे भी मन में कुछ विचार आ रहे हैं।

श्री अदनोकर के साथ मेरे कुछ मतभेद के कारण, मुझे स्कूल में अपने कला शिक्षक के ओहदे से इस्तीफ़ा देना पड़ा। अब मैं कुछ अध्ययन के लिये पेरिस आने की सोच रहा हूँ। वित्तीय व्यवस्था के बारे में, मैं कोशिश कर रहा हूँ और जिसकी अच्छी उम्मीद है। मुझे पेरिस में किसी भी अच्छे कला संस्थान में प्रवेश दिलाने का प्रयास करना। अपने प्रभाव के माध्यम से या वाणिज्य दूतावास के माध्यम से, कृपया प्रतिरूप को जमा किये बिना प्रवेश की व्यवस्था करना। अगर कभी ज़रूरत पड़ी, तो मैं यहाँ एम. जौंट से बात कर के उनके द्वारा एक पत्र प्राप्त कर सकता हूँ।

इसके अलावा मुझे पेरिस कला जगत और संस्थानों की गतिविधियों के बारे में सब कुछ बताना। यहाँ की कला गतिविधियाँ प्रगति पर हैं। प्रताप सिंह जनवरी में अपने शो का आयोजन कर रहे हैं, जनवरी में हमारी वार्षिक प्रदर्शनी १२ से २१ तक है। चेतना आर्ट गैलरी का कार्य भी प्रगति पर है, बिना किसी बिक्री के।

पलसीकर मार्च में अपनी एकल प्रदर्शनी के बारे में भी सोच रहे हैं। वह यथासमय तुमको लिख सकते हैं। १९ जनवरी को हुसेन की प्रदर्शनी है। अन्य सभी चीज़ें ठीक हैं। पदमसी को मेरा सम्मान देना। मैंने अपनी फ्रेंच क्लास शुरू कर दी है, और कुछ ही समय में सन्तोषजनक ज्ञान प्राप्त कर

लूँगा।

कृपया मेरे आने की व्यवस्था करो और शीघ्र लिखो।

सादर,

लक्ष्मण पै।

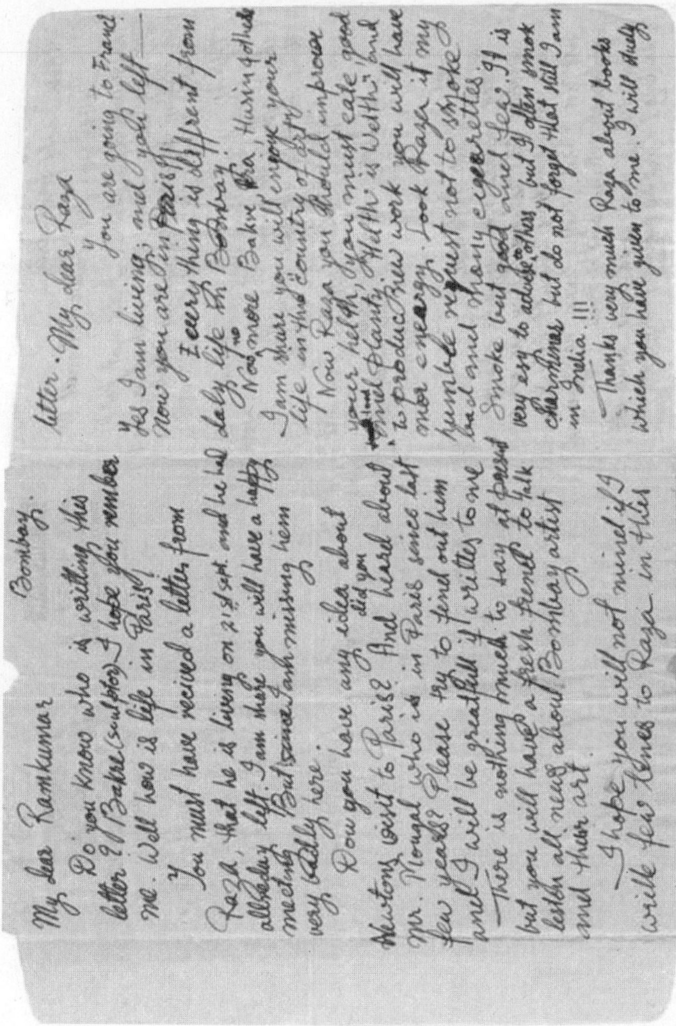

Bombay.

My dear Ramkumar

Do you know who is writting this letter? Bakre (sculptor) I hope you rember me. Well how is life in Paris!

You must have recived a letter from Raza, that he is living on 21st sept. and he had allreday left. I am share you will have a happy meeting. But since I am missing him very badly here.

Dow you have any idea about Newtons visit to Paris? And did you heard about Mr. Mougal who is in Paris since last few years? Please try to find out him and I will be greatfull if writtes to me. There is nothing much to say at present but you will have a fresh frend to talk listen all news about Bombay artist and their art.

I hope you will not mind if I write few lines to Raza in this letter.

My dear Raza

You are going to France! Yes I am living; and you left — now you are in Paris!!

Every thing is diffrent from daly life in Bombay!

No no more Bakre, Ara, Husain & others. I am share you will enjoy your life in the country of art.

Now Raza you should improve your helth, you must eate good and planty "Helth is Welth" and to produce new work you will have mor enearyy. Look Raza it my humble request not to smoke bad and many cigearettes. Smoke but good and few. It is very esy to advise to others, but I often smok charminar but do not forget that still I am in India!!!

Thanks very much Raza about books which you have given to me. I will study

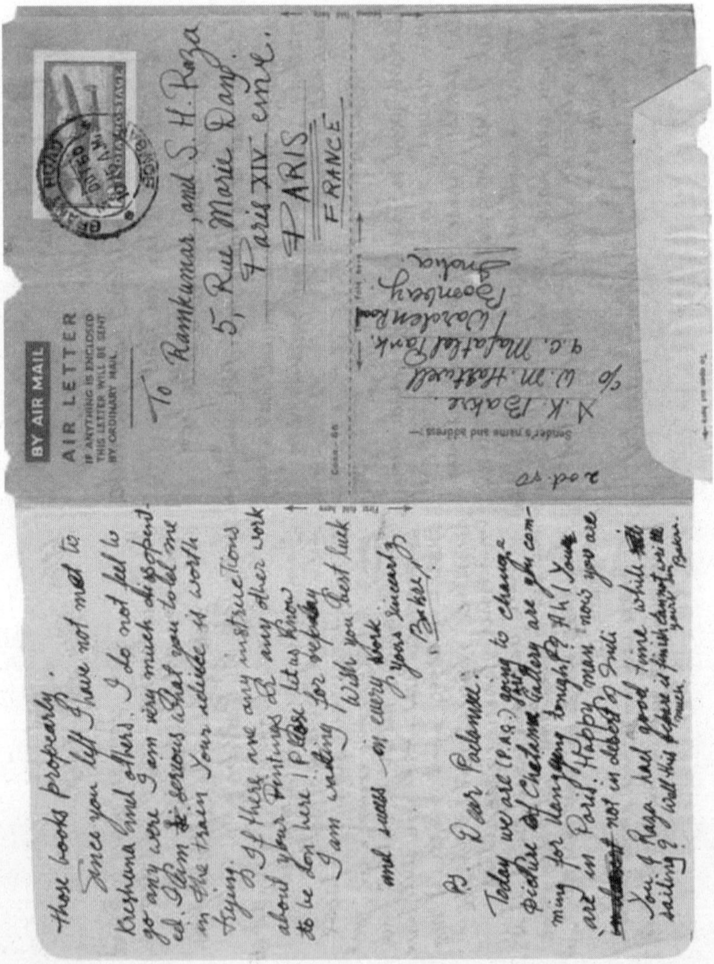

those books propearly.
Since you left I have not met to Kreshana and others. I do not feel to go any were I am very much dissapointed. I am serious what you told me in the train Your advice is worth trying.
If there are any instructions about your Pintings or any other work to be don here! Please let us know
I am waiting for repaly
With you best luck and success on every work.
Yours sincearly,
Bakre.

PS. Dear Padamsee:
Today we are (P.A.G.) going to change picture of Chetana Art Gallery are you comming for Hangging tonight? Ah! You are in Paris. Happy man now you are not in desert of Indi
You & Raza had good time while sailing? Well this space is finish cannot write much. yours Bakre.

एस.के. बाकरे का पत्र

बम्बई

मेरे प्रिय रामकुमार,

क्या तुम जानते हो कि यह पत्र कौन लिख रहा है? बाकरे (मूर्तिकार), मुझे आशा है कि तुमने मुझे याद रखा होगा। वह यहाँ से जा चुका है। मुझे यक़ीन है कि तुम दोनों की एक आनन्दमय मुलाक़ात होगी लेकिन मैं उसे यहाँ बहुत बुरी तरह याद कर रहा हूँ।

क्या तुम्हारे पास न्यूटन की पेरिस यात्रा के बारे में कोई जानकारी है? और क्या तुमने श्री मोगल के बारे में सुना है जो पेरिस में पिछले कुछ सालों से है? कृपया उसे ढूँढ़ने का प्रयास करो और अगर वह मुझे लिखता है तो मैं आभारी रहूँगा।

वर्तमान में कहने के लिये काफ़ी कुछ नहीं है, लेकिन बॉम्बे के कलाकारों और उनकी कला के बारे में सभी समाचारों को सुनने और सुनाने के लिये अब तुम्हारे पास एक नया दोस्त होगा।

मुझे आशा है कि इस पत्र में यदि मैं रज़ा को कुछ पंक्तियाँ लिखूँ तो तुम्हें एतराज़ नहीं होगा।

मेरे प्रिय रज़ा,

तुम फ्रांस जा रहे हो? हाँ, मैं जीवित हूँ और तुम मुझे छोड़ कर जा चुके हो—और अब तुम पेरिस में हो!! बॉम्बे में रोज़मर्रा की ज़िन्दगी में कुछ

भी बदलाव नहीं है।

और अब यहाँ कोई नहीं, बाकरे, आरा, हुसेन और अन्य। मुझे यक़ीन है कि तुम कला के देश में अपने जीवन का आनन्द लोगे।

अब रज़ा तुम्हें अपने स्वास्थ्य में सुधार लाना चाहिए, तुमको बहुत सारा अच्छा भोजन करना चाहिए, स्वास्थ्य धन है इससे नये कार्य के सृजन के लिये तुम्हारे पास अधिक ऊर्जा होगी। रज़ा देखो यह मेरा विनम्र अनुरोध है कि ख़राब और अधिक मात्रा में सिगरेट मत पियो। धूम्रपान बेशक करो लेकिन अच्छा करो। दूसरों को सलाह देना बहुत आसान है पर मैं भी अक्सर चारमिनार पीता हूँ, लेकिन यह मत भूलो कि मैं अभी भी भारत में हूँ!!!

जो किताबें तुमने मुझे दी हैं उनके लिये बहुत धन्यवाद। मैं इन पुस्तकों का ठीक से अध्ययन करूँगा। जब से तुम गये हो, मैं कृष्ण और अन्य से नहीं मिला। मुझे कहीं भी जाने की इच्छा नहीं होती, मैं बहुत निराश हूँ। ट्रेन में तुमने मुझसे जो भी कुछ कहा, उस सलाह पर अमल करने के लिये मैं गम्भीर हूँ। यदि कोई अन्य कार्य जो यहाँ किया जाय या तुम्हारी पेंटिंग के बारे में कोई भी निर्देश हो, तो कृपया मुझे बताओ।

मैं तुम्हारे उत्तर की प्रतीक्षा कर रहा हूँ।

तुम्हारे हर कार्य की सफलता की शुभकामनाएँ।

सादर

बाकरे

पुनश्च :

प्रिय पदमसी,

आज हम (पी.ए.जी.) आर्ट गैलरी की तस्वीर बदलने जा रहे हैं। क्या आज की रात बिताने तुम आ रहे हो? ओहो! तुम तो पेरिस में हो। ख़ुशनसीब हो, अब तुम भारत के रेगिस्तान में नहीं हो। रज़ा और तुम्हारा समुद्र यात्रा के दौरान अच्छा समय बीता होगा। अब यह काग़ज़ समाप्त हो गया है, इसलिए मैं इससे ज़्यादा नहीं लिख सकता।

तुम्हारा

बाकरे

सैयद हैदर रज़ा का पत्र

पेरिस
९ नवम्बर १९५०

प्रिय न्यूटन,

पेरिस के स्केच के कारण मुझे तुम्हें पत्र लिखने में विलम्ब हुआ, मैंने कई स्केच किये और जिन पर मैं काम कर रहा हूँ। नतीजा अब तक निराशाजनक ही रहा है, लेकिन मुझे उम्मीद है कि शनिवार तक मैं तुम्हें कुछ अच्छा भेज दूँगा। इस बीच, मैं इस पत्र में देरी नहीं करूँगा।

तुम्हारी यात्रा हमारे लिये सबसे सुखद रही है, मैंने इसके हर मिनट का आनन्द लिया। तुम्हारे हाल के पत्र से मुझे जो बड़ी ख़बर मिली उसके लिये मैं तुमको और मारिया दोनों को बधाई देता हूँ। तुम शीघ्र ही 'पापा' होगे और मुझे यह सोचना ही बेहद दिलचस्प लग रहा है। अपनी मम्मी के द्वारा, ख़ूबसूरत छोटे मास्टर सूज़ा को पालने में दुलराते हुए देखना कितना मोहक होगा।

मैं अपनी योजना के मुताबिक, कड़ी मेहनत कर रहा हूँ। उनमें से बहुत से आरेख हैं और तीन पेंटिंग्स भी हैं। मुग़ल आज लन्दन के लिये रवाना हुआ है और पदमसी भी अपने होटल में चला गया है। शोग्व कला (beauxarts) हमेशा की तरह घृणित होती है। शायद अपने कानों में रबर के कॉर्क लगा कर मुझे अल्काज़ी की चाल अपनानी चाहिए। ये लोग कोलाहलकारी हैं और वे ऐसे ही रहेंगे।

एक फ्रांसीसी लड़की जिससे हम मिलने और कुछ सीखने के लिये बहुत

उत्सुक थे, वह बहुत बनावटी निकली। हमने उससे सम्पर्क करने में जो दो दिन बिताये उस दौरान हम उसे आदर्श मानते रहे और भाषा को सीखने के अलावा मन ही मन और भी कई अन्य सुहाने सपने देखते रहे। पहली मुलाक़ात और लगातार निराशा के बाद हम इस सौन्दर्य की देवी से जल्दी ही छुटकारा पाने के बारे में सोचने लगे। यह हमारे लिये बहुत सहज हो गया, जब एक शाम हम उससे मिलने गये तो वह अपने अन्य मित्रों के साथ बेहद व्यस्त थी और उसने हमें अनदेखा कर दिया, आधे घण्टे के इन्तज़ार के बाद, बिना किसी औपचारिक अभिनन्दन के हम वहाँ से चल दिये। हम उससे फिर मिलने नहीं गये और मुझे आशा है कि हम मिलेंगे भी नहीं।

मुझे तुम्हारे पेरिस के विवरण को पढ़ने में दिलचस्पी है। जब हम आते हैं तो हमारे लिये प्रतिलिपि रखना। मुझे उम्मीद है कि तुम्हारा निर्णय,भारत पर डॉ. निकोलस की तरह एकतरफ़ा नहीं होगा। बाकरे निश्चित तौर पर आ रहा है; उसने हमारी सोच के परे बहुत तेज़ी से कार्यों को आगे बढ़ने के लिये ज़ोर दिया है। लेकिन मुझे पता है कि वह कितना बेचैन था और मुझे ख़ुशी है कि वह इस नरक से जल्द ही बाहर निकल पायेगा। यदि तुमने अभी तक पत्र नहीं लिखा है तो जल्द ही उसे लिखो।

यदि तुम अल्काज़ी के कुछ चित्र रख सकते हो तो हमारे आने तक उन्हें रखना, मैं दिसम्बर में मारिया से मिलने की उम्मीद कर रहा हूँ (यह अभी से मात्र एक महीना है, किन्तु समय जाते देर नहीं लगती) मैंने कुछ अच्छा काम किया है, लेकिन फ़िलहाल इतना ही, शीघ्र जवाब दो..।

सेवानिष्ठ

रज़ा

लक्ष्मण पै का पत्र

बम्बई
३० जनवरी, १९५१

मेरे प्रिय रज़ा,

तुम्हारे पत्र और विद्वान जूलियन के पत्र के लिये बहुत धन्यवाद, मैंने तुमको यह पत्र फ्रेंच में ही लिखा होता, लेकिन तुम जानते हो कि बोलने और लिखने में कितना अन्तर है।

देखो, मैं दो साल विदेश जाने के लिये भारत छोड़ रहा हूँ। मैं निश्चित रूप से अभी नहीं कह सकता, कि मैं पेरिस में ही रहूँगा या नहीं, लेकिन मैं अन्य दिलचस्प स्थानों की यात्रा करना अवश्य चाहूँगा।

एक बात जान लो कि, मैं अपने कामों के साथ ख़ुद को मान्यता देने के एक निश्चित इरादे से निकल रहा हूँ और इसलिए अब मैं कोई ठोस योजना नहीं बना सकता हूँ; लेकिन मुझे लगता है कि पेरिस ही मेरी जगह होगी, मैं अपने साथ अपना टेम्पेरा (पोस्टर रंग) और कुछ रेखाचित्र ला रहा हूँ और वहाँ उपलब्ध अच्छे वातावरण में काम करना चाहता हूँ।

बॉम्बे में, हालाँकि ढेर सारी गतिविधियाँ हैं, लेकिन कला का सामान्य मानक इतना सक्रिय नहीं है। पेंटिंग को सजावट की वस्तु अधिक और कलाकार को, एक डेकोरेटर के रूप में माना जाता है जो आकृति और रंग की अच्छी समझ रखता है। (ये आजकल के आम शब्द हैं) वैसे, कलाकारों और कला प्रेमियों का जीवन यही है (?)।

गाडे का शो आर्थिक रूप से इतना ख़राब नहीं था (लगभग १५००

रुपये); लेकिन कलात्मकता की दृष्टि से सबसे ख़राब। शो के लिये शो! हर वर्ष एक शो; केवल वाणिज्य।

हुसेन को प्रेस और जनता से अच्छी प्रतिक्रिया मिली; और २०००/–रुपये की अच्छी बिक्री। स्पष्ट रूप से, आजकल मैं केवल पैटर्न और रंगों के इस मामले के बारे में थोड़ा परेशान हूँ; बेशक वे आवश्यक हैं, लेकिन केवल वही एक चीज़ नहीं, एक कलाकार के लिये उसकी दृष्टि ज़्यादा महत्त्वपूर्ण है।

बाकरे मार्च के पहले सप्ताह में अपनी पहली मूर्तिकला प्रदर्शनी के लिये कड़ी मेहनत कर रहा है।

अप्रैल के लिये हुसेन और मेरी यात्रा की पुष्टि अभी तक नहीं हुई है लेकिन हमें वादा किया गया है। बाकरे का आना निश्चित है। गाडे अब तक फ्रांसीसी सरकार की छात्रवृत्ति पर निर्भर था, लेकिन श्री फोरनोट ने उसे भारत में तुम्हारे वापस आने तक, वही छात्रवृत्ति किसी और को देने की अपनी अक्षमता को स्पष्ट कर दिया होगा। तो मैं और उसके बारे में नहीं जानता : आजकल वह बहुत ज़्यादा डींगें हाँकने लगा है। बॉम्बे में अन्य चीज़ें सुचारू रूप से चल रही हैं, गैलरी का कार्य भी पूरा हो गया है। एम. पदमसी को मेरी शुभकामनायें, उनसे कहना वे मुझे लिखते रहें।

F/१०, सारस्वत कॉलोनी, सितलादेवी

माहिम, बम्बई–१६, भारत

लक्ष्मण

पुनश्च : इस पत्र को किसी और को मत दिखाना।

लक्ष्मण पै का पत्र

एफ १०, सारस्वत कॉलोनी, सितलादेवी
माहिम, बम्बई-१६, भारत
२६ फ़रवरी, १९५१

मेरे प्रिय रज़ा,

मुझे मेरा पासपोर्ट मिल गया है, और मैं १६ अप्रैल को प्रस्थान करने की तैयारी कर रहा हूँ। वैसे अभी तक पुष्टि नहीं हुई है, लेकिन होने की सम्भावना है। हुसेन ने यू.के. (इंग्लैण्ड) जाने का विचार छोड़ दिया है; वह मार्च में दिल्ली में अपनी प्रदर्शनी कर रहा है।

मुझे थॉमस कुक द्वारा बताया गया है कि सरकार तीन साल के लिये केवल ४५० पाउण्ड की अनुमति देती है, और अगर हमें अधिक की आवश्यकता है तो हमें रिज़र्व बैंक को आवेदन करना होगा। अब कृपया मुझे यह बताओ कि क्या मेरा आवेदन अभी करना और अपने साथ इससे अधिक विदेशी मुद्रा लाना बिल्कुल आवश्यक है या मैं पेरिस पहुँचने के बाद यह कर सकता हूँ। तुमने मुझे जितना सम्भव हो उतना पैसा लाने के लिये लिखा था। क्या ट्रैवलर चेक (यात्री चेक) सुविधाजनक है? मुझे एक्सचेंज (विनिमय) के इस कारोबार के बारे में कुछ जानकारी दो।

श्री बाकरे लन्दन जा रहे हैं। क्योंकि वहाँ एक महोत्सव चल रहा है, उन्होंने मुझे पहले लन्दन जाने की सलाह दी है, और फिर पेरिस। क्या तुम्हारा इस महोत्सव में जाने का इरादा है?

अब तुमको मेरे आवास के बारे में मेरी मदद करनी चाहिए, तुम जानते हो

कि मैं बिलकुल अनजान हूँ, और अभिजातीय शैली से बिलकुल अनभिज्ञ। इसलिए मुझे जगह दिला दो; जहाँ मुझे तुम्हारी संगत मिल जाय; यदि पदमसी के होटल में सम्भव हो तो, या क्या मुझे होटल व्यवस्था के लिये थॉमस कुक से पूछना चाहिए?

यहाँ पर स्थिति हमेशा की तरह ही है। पिछले पखवाड़े श्रीमती मैग्डा नेलिमान के निधन की दुखद ख़बर मिली। उनकी मौत, आई.एफ.एल. में उनके चित्रों की प्रदर्शनी के उद्घाटन के ठीक चार घण्टे पहले हुई। यह प्रदर्शनी उनकी स्वास्थ्य सेवा के लिये आयोजित की गयी थी। उन्हें पक्षाघात का दौरा पड़ा था।

बाकरे का शो २ मार्च को है।

मैं कल गोवा के लिये निकल रहा हूँ और २० मार्च को मुम्बई लौटूँगा, इसलिए मुझे गोवा के इस पते पर पत्र भेजना।

c/o पोस्ट बॉक्स नम्बर-९२,

मारगाँव-गोवा (पुर्तगाल, इण्डिया)

न्यूटन पेरिस कब आ रहा है; मैंने उसे लिखा है कि श्री अल्काज़ी उसकी पेंटिंग की प्रदर्शनी की व्यवस्था यहाँ कर रहे हैं।

यदि मैं पहले पेरिस आने पर विचार करता हूँ, तो क्या तुम मार्सिल्स आ पाओगे?

मुझे लिखो।

लक्ष्मण

कृपया पदमसी को संलग्न पत्र अग्रेषित करो।

एस.के. बाकरे का पत्र

१९ मार्च, १९५१

मेरे प्रिय फ्रांसिस,

मैंने तुमको कई पत्र लिखे हैं, जिन्हें मैं पोस्ट नहीं कर पाया हूँ। मुझे लगता है यही मेरा स्वभाव है।

जब मैं लन्दन आऊँगा, तो तुम उन सब को पढ़ लेना। पिछले सप्ताह, मेरी अपनी एकल प्रदर्शनी थी। मैंने वहाँ ३८ मूर्तियों का प्रदर्शन किया जिनमें से ज़्यादातर प्लास्टर, कुछ लकड़ी, कंक्रीट और कांस्य की थीं।

मैंने १०००/–रुपये इकट्ठा किये। कुछ काम जो बिके नहीं थे उन्हें नीलाम करना पड़ा। किसी ने ५/–रुपये तक की बोली भी लगायी थी। मुझे बेहद धक्का लगा और मैं स्तम्भित हो गया। क्रोध और निराशा में मैंने नीलामी की कार्रवाई बन्द करा दी।

मैंने अपने दो साल के सभी बिलों का भुगतान कर दिया है और अब मैं फिर से ग़रीब हो गया हूँ। हालाँकि, अब मैं और भी तेज़ रफ़्तार से काम कर रहा हूँ, और मुझे यहाँ रहने के अगले कुछ हफ़्तों के भीतर अधिक से अधिक काम की उम्मीद है। जो कुछ भी हो, मैं लन्दन आ रहा हूँ।

मैं १६ अप्रैल को 'एस.एस. रांची' से आ रहा हूँ। तुम मुझे लेने के लिये पोर्ट पर आ रहे हो ना, क्यों ? हुसेन ने तुमको लिखा होगा, मुझे नहीं लगता है कि वह मेरे साथ आ रहा है। मुझे नहीं पता क्यों।

यह तीसरी बार है कि कोई व्यक्ति 'ई' की सलाह से प्रभावित हुआ है,

पहले आरा, रज़ा और अब हुसेन। यह एक अप्रिय तथ्य है और एक घृणास्पद तथ्य भी है।

वे कहते हैं 'बाकरे हमारी बात कभी नहीं सुनता, वह भुगतेगा'। ये सही भी हो सकता है, कौन जानता है? लेकिन मैं अपने आप पर और अपनी क़िस्मत पर विश्वास करता हूँ। मेरे पास और कोई विकल्प नहीं है।

मैंने तुम्हारी पेंटिंग्स देखी हैं और मुझे तुम्हारे तैलचित्र पसन्द आये। वैसे मैंने तुम्हारे चित्रों के बारे में और श्री लंघमार के बारे में सुना है। तुम चिन्ता मत करो। श्री अल्काज़ी तुम्हारे शो की व्यवस्था कर रहे हैं, शायद अगले महीने में।

कृपया मुझे बताओ अगर तुमको अपनी माँ से कुछ चाहिए। मैं तीन मूर्तियों को अपने साथ लाने की सोच रहा हूँ।

प्रिय फ्रांसिस, लन्दन में मेरी अनिवार्य आवश्यकताओं के बारे में बताओ। मुझे पैसे के विषय में कुछ करना होगा। तुम्हारी प्रिय पत्नी कैसी है? क्या वह अच्छी तरह से है? मुझे पता चला है कि तुम एक पिता होने जा रहे हो, मुझे तुम्हारे बच्चे के लिये कुछ खिलौने लाने चाहिए।

सादर,

बाबा बाकरे

रज़ा का पत्र

पेरिस, २९ मई, १९५१

मेरे प्रिय न्यूटन,

तुम्हारे पत्र को पाकर और साथ ही नन्ही न्यूटन की ख़ुशख़बरी ने हमें बेहद आनन्दित किया है। हम दोनों की तरफ़ से बधाई। मैंने मारिया को विस्तार से एक लम्बा और सुखद पत्र लिखा है। इसे पढ़ कर मारिया को दे देना। और देखना कि वह उसे ग़लत नहीं समझे। इसमें थोड़ा परिहास है, लेकिन हमें कभी-कभी आनन्द भी लेना चाहिए।

मुझे आशा है कि मारिया अच्छी तरह से है। क्या वह अस्पताल से वापस आ गयी है? हमें उसके और बच्चे के बारे में लिखना। मैं कहता हूँ उसका नाम क्या होगा? हम आमतौर पर बच्चे का नाम उसके जन्म से पहले ही तय कर लेते हैं।

मुझे यह जानकर ख़ुशी हो रही है कि बाकरे को नौकरी मिल गयी है। मैं इस पत्र को तत्काल भेजना चाहता हूँ, हालाँकि मुझे तुम्हारे बारे में लिखने के लिये हमेशा की तरह बहुत कुछ है।

हार्टवैल यहाँ है उसने मुझे एक पत्र भेजा है और आज या कल मुझे देखने आयेगा।

हाँ, दोनों पामेला और सिरा की मँगनी हो गयी है। मैं सोचता हूँ कि न जाने कितने दिल टूटे होंगे। बहुत बढ़िया लड़कियाँ हैं वे, और मुझे भी यह सोचना कष्टदायक है कि अब वे दूसरे देशों की हो गयी हैं। वैसे भी, मुझे आशा है कि वे ख़ुश रहेंगी।

क्या तुम पेंट कर रहे हो, न्यूटन ? मुझे नहीं लगता। याद रखना कि हमारी अक्टूबर वाली प्रदर्शनी बहुत महत्त्वपूर्ण है। हमें तुमसे कम से कम १५ उत्कृष्ट चित्र चाहिए।

(अधूरा)

रज़ा का पत्र

पेरिस, १० सितम्बर, १९५३

प्रिय हुसेन,

मुझे कहना चाहिए कि मैंने तुम्हारे पत्र की उत्सुकता से प्रतीक्षा की थी। केवल कुछ दिन पहले ही मैंने तुमको एक लाइन भेजी है तुम्हारे दो पत्रों के साथ, श्री निस्पर के पते पर। इसके साथ, मैं दो और भेज रहा हूँ।

यदि मैं इन दिनों मिर्जा ग़ालिब से मिल सकता, तो मुझे यक़ीन है कि मैं उसे 'ब्रेड'/ रोटी की महिमा में उसी उत्साही और समृद्ध तरीक़े से गाने को कहूँगा जैसा उसने अपनी प्रेयसी या भगवान के लिये गाया था। दरअसल, ब्रह्माण्डीय केन्द्र बोलेवार्ड जॉर्डन पर 'बूलोंजरी' (पेरिस की एक विशेष नानबाई की दुकान) में है और यहीं से सभी सत्य विकीर्ण होते हैं।

लेकिन ग़ालिब अब नहीं हैं लेकिन उन्हें गाया जाता है। हमारे पास उनकी शायरी है और हमें अभी अपना लिखना है। इन्हें 'तंगदस्ती' या 'फ़राग़दस्ती' के बावजूद लिखा जाना चाहिए। मैं न तो पहले और न ही दूसरे को पसन्द करता हूँ, लेकिन मैं अपनी 'हस्ती' को आकार देना हर क़ीमत पर चाहता हूँ जोकि मेरी उँगलियों के बीच से फ़िसलता जा रहा है।

बस इतना ही, यह सब केवल तुमको याद दिलाने के लिये है कि कभी-कभी कुछ करना ही होता है। एक पत्र लिखना, उदाहरण के लिए। वास्तव में, मैं और अधिक के लिये कहूँगा।

(अधूरा)

एम.एफ. हुसेन का पत्र

१२ सितम्बर, १९५३

मेरे प्रिय तैयब,

तुम्हारा रेखाचित्र कमज़ोर है—चेहरा कृत्रिम है। एक आकृति को उसके फॉर्म (आकार), अनुपात और रेखाओं के माध्यम से आँका जाता है, लेकिन चेहरे का आकलन उसकी अभिव्यक्ति के माध्यम से किया जाता है। कोई तुम्हारे चेहरे के माध्यम से तुम्हें देख सकता है। यह सब घुल कर आँखों, नाक और कानों का प्रतीक बन जाता है। एक चेहरे को अपने भावों से चुनौती देना चाहिए। इसे अपारदर्शी होना चाहिए और इसकी निगाह को कहीं और देखते हुए उस 'चेहरे' के चेहरे में घुल जाना चाहिए—तुम्हारे बनाये चेहरे पर अभिव्यक्ति है। क्या तुम इसे अभिव्यक्तिहीन नहीं बना सकते? यह तब व्यक्त नहीं कर सकता। चित्रकारी सभी सम्प्रेषणों का अन्त है। अभिव्यक्तिहीन से मेरा मतलब अभिव्यक्ति से रहित नहीं है, एक कठोर चेहरे पर तब भी एक पत्थर की अभिव्यक्ति होगी और एक रहस्यमय चेहरे पर एक रहस्य की अभिव्यक्ति।

मुझे 'दादुका' पसन्द नहीं है। यह ड्राइंग पूरा करता है और जो आदमी के लिये बाह्य है। मुझे ठोड़ी पर सीधी रेखाएँ पसन्द हैं, वे चेहरे के सम्बन्ध को तोड़ देते हैं और उस पर एक दृढ़ता प्रदान करते हैं जिसके बिना वह पूरी तरह से लुप्त हो जाता।

इस आकृति में एक अनुपात है और मुझे यह पसन्द है। इसमें अनुपात के लिये एक खोज का होना होगा। लेकिन अनुपात केवल अभिरूप और विस्तार का सम्बन्ध नहीं है, विस्तार में, एक आकृति 'क़ब्ज़ा' करती है

परन्तु उसमें वो विस्तार भी 'निहित' है।

मुझे खेद है कि यह एक लघु आलोचना है, लेकिन मैं कल सुबह इसे पोस्ट करना चाहता हूँ ताकि तुम इसे सोमवार सुबह प्राप्त कर सको, वह भी यदि तुम सोमवार को मुम्बई में नहीं आ रहे हो। वैसे भी मुझे सोमवार को तुमसे मिलने की उम्मीद है, उस स्थिति में तुम इसे अपनी वापसी पर प्राप्त करोगे, इसके लिये मैं कुछ नहीं कर सकता।

आलोचना कठोर है लेकिन फिर सारी आलोचना कठोर होनी चाहिए अन्यथा यह कोई आलोचना नहीं है।

तुम्हारा

हुसेन

तैयब मेहता का पत्र

मेरे प्रिय हुसेनुद्दीन,

मैं तुम्हारे १२ सितम्बर के पत्र के लिये धन्यवाद देता हूँ, लेकिन तुम्हारी आलोचना उतनी कठोर नहीं है जो शिक्षाप्रद या प्रेरणादायक हो। इसके बाद मेरे लिये लिखना मुश्किल है, क्योंकि तुमने जो आलोचना लिखी थी, वह मेरे रेखाचित्र पर थी। यह मुझे प्रत्युत्तर कर देता है, और चूँकि यह रेखाचित्र उन रचनात्मक क्षणों में किया गया था जब मैं रचनात्मक था और आकार, अनुपात, रेखा और विस्तार के बारे में पता नहीं था; कुछ मूल्यों को पहले और कुछ मूल्यों को चित्रित करने के बाद ढूँढ़ा जाता है।

तुम कहते हो कि जो चेहरा मैंने बनाया है वो 'कृत्रिम' है और 'कोई तुम्हारे चेहरे के माध्यम से तुम्हें देख सकता है। यह सब घुल कर आँखों, नाक और कानों का प्रतीक बन जाता है'; और उसी के साथ तुम कहते हो कि उसमें एक 'अभिव्यक्ति' है। यह विरोधाभासी है, क्योंकि यदि मैंने जो चेहरा बना लिया है उसमें एक प्रतीक होने का गुण होता तो वो इसे घुला देता और 'व्यवहार वैचित्र्य' का एक उदाहरण बन अस्वीकार्य और आसानी से बोधगम्य होता। क्या मेरे चेहरे की उसी तरह की अभिव्यक्ति है जोकि एक प्रतीक में होती है?

कला के सभी लक्षणों में किसी न किसी प्रकार का एक 'तर्कहीन' तत्त्व गुँथा होता है। 'द वीनस ऑफ़ विल्लेंड्रोफ़' जननक्षमता का संकेत देता है, लेकिन उस परिमाण और आकार की कोई महिला का अस्तित्व असम्भव है। एक पत्थर का चेहरा या एक रहस्यमय अभिव्यक्ति एक मूर्तिकला या नाटक के लिये एक बेहतर श्रेय होगा लेकिन चित्रकला में यह अपना महत्त्व खो देता है।

इसके अलावा चेहरा और शरीर एक ही फ्रेम की सामग्री हैं और इसलिए उनका एक-दूसरे के साथ सम्बन्ध है। तुमने उन्हें पहचानने के लिये अलग से जो कसौटी बनायी है, वह मुझे ग़लत लगती है। तुम आकार और अनुपात के माध्यम से आकृति को आँकते हो, लेकिन तुम उन्हीं मूल्यों के आधार पर चेहरे का आकलन करने से इनकार करते हो। क्यों? क्या ऐसा इसलिए है कि तुम आँख को आँख की तरह और नाक को नाक की तरह पहचानते हो और रेखाचित्र को देखते हुए तुम 'दंदूका' से छिपे हुए उरस्त्राण और हँसली के बारे में अनभिज्ञ हो। यदि इन सब से कोई फ़र्क़ नहीं पड़ता, तो यह भी तथ्य है कि इसी प्रकार से सिर के अनुपात में, (जोकि आकृति के अनुपात में है) आँख, आँख नहीं है और नाक सिर्फ़ दो सीधी रेखाएँ हैं।

यह अप्रासंगिक है कि क्या 'डंडूका' उसके योग्य व्यक्ति के लिये पराया है या नहीं। लेकिन जब यह ड्राइंग पूरा होता है जैसा कि तुम कहते हो तब यह एक ड्राइंग के लिये पराया नहीं है।

यह विकर्ण रेखा पूरी तरह से संरचना के लिये अप्रासंगिक होने के बावजूद इस आकृति को एक विशिष्ट अभिलक्षण का दावा करने में सहायता करती है। अगर यहाँ एक दंडुका नहीं होता, तो यह आदमी एक फूल, एक नागिन या बोतल या कुछ भी पकड़े होता बिना अप्रासंगिक हुए। ड्राइंग के सबसे महत्त्वपूर्ण और प्रासंगिक पहलुओं में जो है, जिसे मुझे लगता है कि तुमने अनदेखा कर दिया, वो उस नियोजित बनावट का उपयोग था, उस भावना को बढ़ाने के लिए, जिससे मैं उन्मत्त था, उस दौरान, जब मैं उसे चित्रित कर रहा था।

अन्त में, मैं नहीं मानता कि पेंटिंग सम्प्रेषण का अन्त है। यह वह व्यक्त करता है जोकि किसी अन्य माध्यम से अवगत नहीं कराया जा सकता है। और इस सम्प्रेषण से हम दुनिया को क्षति से बचाते हैं अन्यथा वह कहीं खो जायेंगे—अलग-अलग शैलियों की खोज जो कई कलाकारों ने अपने व्यक्तित्व की ताक़त पर पर्याप्त रूप से पैदा किया है, ताकि वे एक-दूसरे से सम्बद्ध हो सकें। मेरी ड्राइंग की कमज़ोरी यह इस अर्थ में है कि उसमें शक्ति का अभाव है और यह उसके निर्माता के एकान्त का काम है।

तुम्हारा

तैयब

A. HASANALI & CO.

IMPORTERS & STOCKISTS OF GLASSWARE,
ENAMELWARE, LAMPWARE, HURRICANE LANTERNS ETC.

136, CHUCKLA STREET,
BOMBAY 3.
18th September 53

My dear Jayeh!

I like your letter — No criticism is
educative or inspiring as the painter is not in
or by criticism but above it in that he "paints"
while the other "criticises", that is to say, in your
own words, the critic "searches for values after
one has painted". — But this search for value
is outside of the painting i.e. the critic "attributes"
value to a painting whereas the painting is
itself a "value".

That is where criticism comes in. Is
painting a value or not? If the artist is the sole
judge of that one has no more to say. It is the
end of all criticism.

But the critic comes into the picture
when he "decides" whether a painting is a
value or not. The decision is a free choice.
It is taken freely, that is to say, it does not
seek to conform or contest the painting
on the "basis of values" but evaluates it as
a value. In this a critic can only uphold

(2)

or condemn. If he upholds he does not go beyond it. If he condemns he sets up an anti-value on the basis of which he "devaluates" the painting i.e. strips it of all value.

The critic therefore assumes a role. His role is to evaluate but evaluation is on the basis of value + if a painting is "absolute value", one cannot evaluate absolutely. Therefore the critic fails. The painter triumphs.
A critic therefore has to be also a "creator".
It is when a critic is ~~a~~ creator or a creator critic that he can evaluate absolutely.
He can "confer" value because he creates value. — So much for the role of the critic.

Now for the drawing — you say I judge the face + the figure by different criterion. — I do not. When I say one judges the face by expression I mean the face is a trap. It assumes an expression. It is a mirror which devaluates value or the pretence of a value + shows up the artist — that is why I asked you if you could not make your face "expressionless"

I do not know about the "Pectoralis Major" or the Pectoralis Minor nor have I seen the Venus of Willendorf — I maintain

A. HASANALI & CO.

IMPORTERS & STOCKISTS OF GLASSWARE,
ENAMELWARE, LAMPWARE, HURRICANE LANTERNS ETC.

(3)

136, CHUCKLA STREET,
BOMBAY 3.

that the Dandooka is external to the man — Perhaps a serpent would not have been — I do not know. I do not judge your drawing by the composition, I assume it. — When I say the Dandooka completes the drawing I mean you have sacrificed the drawing to the composition.

You talk about "texture". Is not texture a part of the same figure, is it not at the very basis of proportion + form? You admonish me for applying a different criterion to the face + the figure. Why then do you want me to apply a different criterion to the texture?

You say you do not believe painting is the "cessation of all conveying". You say "in this conveying" which a painting is we salvage what the world would otherwise have lost.
— A painting never conveys. It "imparts". A painting does not "seek" to convey because it does not "need" to seek. A painting is gratuitous, completely + absolutely. + the world never loses — It only "gains".

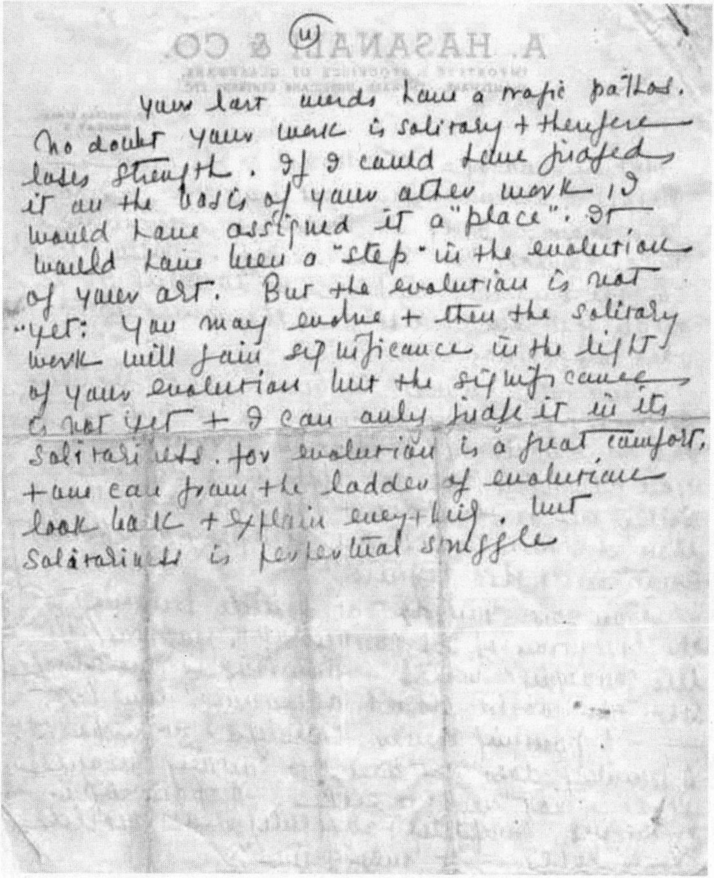
(11)

Your last words have a tragic pathos.
No doubt your work is solitary + therefore
loses strength. If I could have judged
it on the basis of your other work I
would have assigned it a "place". It
would have been a "step" in the evolution
of your art. But the evolution is not
"yet": You may evolve + then the solitary
work will gain significance in the light
of your evolution but the significance
is not yet + I can only judge it in its
solitariness. For evolution is a great comfort,
+ one can from the ladder of evolution
look back + explain everything. But
solitariness is perpetual struggle

पत्र-लेखक अज्ञात

१८ सितम्बर, १९५३

मेरे प्रिय तैयब,

मुझे तुम्हारा पत्र पसन्द आया—कोई आलोचना शिक्षाप्रद या प्रेरक नहीं है क्योंकि चित्रकार आलोचना से नहीं है बल्कि इसके ऊपर है, क्योंकि वह 'पेंट' करता है जबकि अन्य 'आलोचना' करते हैं, जोकि, तुम्हारे ही शब्दों में, आलोचक 'चित्रों के चित्रित किये जाने के बाद उसमें मूल्यों की खोज करता है'। लेकिन मूल्यों के लिये यह खोज पेंटिंग से बाहर है, उदाहरण के लिए, आलोचक पेंटिंग पर मूल्यों का 'आरोपण' करते हैं, जबकि चित्रकला ही 'मूल्य' है।

यही वह क्षेत्र है जहाँ आलोचना आती है। क्या एक चित्रकला एक मूल्य है? यदि कलाकार उसका एकमात्र न्यायकर्ता है तो कहने के लिये कुछ और नहीं है। यह सभी आलोचनाओं का अन्त है।

लेकिन आलोचक उस दशा में आता है जब वह 'फ़ैसला करता है' कि क्या चित्र एक मूल्य है या नहीं। यह निर्णय एक स्वतन्त्र विकल्प है। यह आज़ादी से लिया जाता है, अर्थात् यह 'मूल्यों के आधार' पर पेंटिंग की पुष्टि करने या उससे संघर्ष करने की कोशिश नहीं करता है, तथा इसका एक मूल्य के रूप में मूल्यांकन करता है। इस में एक आलोचक उसका समर्थन या उसकी निन्दा नहीं कर सकता। अगर वह उस पर कायम रहता है तो वह उससे आगे नहीं बढ़ पाता। अगर वह निन्दा करता है तो वह एक मूल्य-विरोधी पैमाना निर्धारित करता है जिसके आधार पर वह पेंटिंग का 'अवमूल्यन करता है' अर्थात् वह सभी मूल्यों की धज्जियाँ उड़ा देता है।

आलोचक इसलिए यहाँ अपनी भूमिका निभाते हैं—उनकी भूमिका है मूल्यांकन करना, लेकिन मूल्यांकन मूल्य के आधार पर है और यदि कोई पेंटिंग 'निरपेक्ष मूल्य' की है, तो वे पूरी तरह से इसका मूल्यांकन नहीं कर सकते हैं। इसलिए आलोचक विफल हो जाते हैं। और चित्रकार की जीत होती है।

इसलिए आलोचक को भी एक 'सर्जक' होना चाहिए, वह इसका मूल्यांकन अबाध रूप से तब ही कर सकता है जब एक आलोचक सर्जक या एक सर्जक आलोचक होता है। वह मूल्य 'प्रदान' कर सकता है क्योंकि वह मूल्य का सृजन करता है, आलोचक की भूमिका इससे ज़्यादा नहीं है।

अब ड्राइंग पर। तुम कहते हो कि मैं चेहरे और आकृति का आकलन अलग-अलग मानदण्ड पर करता हूँ। मैं ऐसा नहीं करता। जब मैं कहता हूँ कि चेहरे का आकलन अभिव्यक्ति द्वारा होता है, तो मेरा मतलब है कि चेहरा एक जाल है। यह अभिव्यक्ति का रूप धारण कर लेता है। यह वो दर्पण है जो एक मूल्य का अवमूल्यन और उसका दिखावा कर के कलाकार को दिखाता है। यही कारण है कि मैंने तुमसे पूछा था, क्या तुम अपने चेहरे को 'अभिव्यक्तिहीन' नहीं कर सके?

मैं 'पेक्टोरेलिस मेजर' या 'पेक्टोरेलिस माइनर' (हाथ के पास की मांसपेशियाँ) के बारे में नहीं जानता और न ही 'वीनस ऑफ़ विल्लेंड्रोफ़फ़' को देखा है। मैं यह मानता हूँ कि दांडुका आदमी के बाह्य का है। शायद एक साँप ऐसा नहीं होता, मैं नहीं जानता। मैं तुम्हारे ड्राइंग का आकलन उसकी संरचना से नहीं करता, मैं इसे ग्रहण करता हूँ। जब मैं कहता हूँ कि डंडूका चित्रण को पूरा करता है, तो मेरा मतलब है कि तुमने अपने रेखाचित्र को रचना के लिये त्याग किया है।

तुम 'बनावट' के बारे में बात करते हो। क्या बनावट उसी आकृति का एक हिस्सा नहीं है, क्या यह अनुपात और रूप का आधार नहीं है? तुम मुझे चेहरे और आकृति पर एक अलग मापदण्ड लागू करने की सलाह देते हो। फिर तुम क्यों चाहते हो कि मैं बनावट पर भी एक अलग मापदण्ड लागू करूँ?

तुम कहते हो कि तुम इस पर विश्वास नहीं करते कि पेंटिंग 'सभी सम्प्रेषण का अन्त है' तुम कहते हो कि 'इस सन्देश में' जो एक पेंटिंग है,

हम उसको उबारते हैं, जिसको, अन्यथा दुनिया खो देती। एक पेंटिंग कभी व्यक्त नहीं करता वह 'प्रदान करता है'। एक पेंटिंग को व्यक्त करने के लिये 'तलाश' नहीं करना पड़ता, क्योंकि उसे तलाश करने की ज़रूरत ही नहीं है। एक पेंटिंग निर्मूल है, पूरी तरह से और अबाध रूप से। दुनिया का कभी नुकसान नहीं होता है—उसे केवल 'लाभ' होता है।

तुम्हारे अन्तिम शब्दों में एक दुखद मनोभाव है। इसमें कोई सन्देह नहीं है कि तुम्हारा काम एकाकीपन का है और इसलिए इसकी शक्ति क्षीण हो जाती है। यदि मैं तुम्हारे दूसरे कार्यों के आधार पर निर्णय ले सकता था, तो मैं इसको एक 'स्थान' देता। यह तुम्हारी कला के विकास में एक 'क़दम' होता। लेकिन विकास 'अभी तक' नहीं है : तुम विकसित हो सकते हो, तब जाकर तुम्हारे एकाकीपन के कार्यों का महत्त्व तुम्हारे विकास के प्रकाश में होगा, लेकिन महत्त्व अभी नहीं है और मैं उसका आकलन उसके एकाकीपन पर ही कर सकता हूँ क्योंकि विकास एक बहुत बड़ी दिलासा है और हम इस विकास की सीढ़ी से पीछे पलट कर देखते हुए सब कुछ स्पष्ट कर सकते हैं, लेकिन एकाकीपन एक अनवरत संघर्ष है।

तैयब मेहता का पत्र

१६ जनवरी, १९५४

प्रिय रज़ा,

मैं १३ फ़रवरी को भारत से जा रहा हूँ और अगले महीने के आख़िरी हफ़्ते में मार्सेल पहुँचूँगा। चूँकि दक्षिण फ्रांस जाना महँगा है, इसलिए मैं पेरिस आने से पहले ओंटीब और आसपास के स्थानों की यात्रा करने की सोच रहा हूँ। पेरिस आने की मेरी योजना की विशिष्ट तिथि और समय या और कोई भी बदलाव की सूचना, मैं तुम्हें पत्र के द्वारा दूँगा।

यात्रा पर ख़र्च होने वाले पैसे को छोड़ कर, मेरे पास लगभग £ १४० होगा, जिसमें मुझे पेरिस में रहना सम्भव करना होगा। मेरे वहाँ प्रवास के दौरान, मैं अपने परिवार से मदद की कोई उम्मीद नहीं करता हूँ। इसलिए, जितना मैं कर सकता हूँ उतना मुझे देखने की इच्छा है। मैं तुम्हारा अत्यधिक आभारी रहूँगा यदि तुम मार्च से मेरा बूज़ार्ट में प्रवेश सुरक्षित करा दो, जिससे मैं सीटें विश्वविद्यालय में सस्ते में रह सकूँ।

पै ने मुझे बताया कि पेरिस में अच्छा सस्ता कमरा मिलना मुश्किल है। अगर तुमको लगता है कि यह सबसे अच्छा है, तो तुम मेरे लिये उसी कमरे को आरक्षित कर सकते हो जिसे अकबर ख़ाली कर रहा है।

मुझे अकबर के भारत वापस आने का अफ़सोस है। मैं उसकी सोहबत में बेहद ख़ुशनुमा लम्हे बिताने का इन्तज़ार कर रहा था। हुसेन ने अक्टूबर के लिये अपना टिकट आरक्षित कराया है और उसी समय पेरिस में एक प्रदर्शनी आयोजित करने की सोच रहा है।

पै अप्रैल में पेरिस जा रहा है। दिल्ली में उसकी प्रदर्शनी एक वित्तीय सफलता रही है। वह ६ फ़रवरी को बॉम्बे में भी प्रदर्शनी आयोजित कर रहा है। बॉम्बे में कला की गतिविधियाँ शून्य हैं लेकिन मैं अपनी पेरिस यात्रा के बारे में उत्साहित हूँ। बाक़ी ठीक है, अविलम्ब मुझे लिखो, तुमको जल्द ही देखने की उम्मीद है।

तुम्हारा

तैयब

तैयब मेहता का पत्र

प्रिय अकबर,

मेरा विश्वास है कि तुम ११ फ़रवरी तक मुम्बई पहुँचोगे। उस दिन मेरे लिये तुमसे मिलना सम्भव होगा। अगर तुम अपनी पेंटिंग उस समय तक हमारे पास पहुँचाने की व्यवस्था कर सकते हो जिससे मैं उन्हें देख सकूँ।

शुभकामनाएँ

तैयब

एच.ए. गाडे का पत्र

प्रोग्रेसिव आर्टिस्ट ग्रुप
मुम्बई
H.A. गाडे
९१३-डी चैंबर
३८ बॉम्बे

प्रिय रज़ा,

तुमको अब तक मेरा पत्र मिला होगा। मैं ६९ /-(उनहत्तर) रुपये वापस कर रहा हूँ, तुम्हारी ओर से ग्रुप को संयुक्त राज्य अमरीका के प्रोफ़ेसर स्पेगलबर्ग की पेंटिंग के लिये दिये गये धन की वापसी की जा रही है, समूह की पिछली बैठक में यह निर्णय लिया गया है कि पैसा सम्बन्धित सदस्यों को वापस लौटा देना चाहिए। कृपया पावती रसीद भेजो।

सादर

H.A. गाडे

पुनश्च—कृपया मुझे लिखें

पै
नेपियन सी रोड
बॉम्बे

PROGRESSIVE ARTISTS' GROUP

BOMBAY

H. A. Gade
D-137 Chembur
Bombay 38.
1-2-55

Dear Raza.

You must have received my letter by now. I am refunding you Rs69/- (Rs sixty-nine) only being the refund of money Group had received on your behalf, as loan charges for painting lent to Prof. Speigalburg of U.S.A. In the last meeting of the group it was decided that the money should be returned to the concerned members. Please pass receipt.

Yours sincerely
H. A. Gade.

Please write to me.
HAG.

रुडॉल्फ वॉन लेडेन का पत्र

प्रिय रज़ा,

तुम्हारे लम्बे पत्र के लिये बहुत धन्यवाद जो मुझे बेहद पसन्द आया। बहुत दिनों बाद मेरा तुमसे सम्पर्क हो पाया है। हम सभी को बहुत ख़ुशी है कि कई सालों से कड़ी मेहनत के बाद अब तुम सफलता का एक छोटा सा भाग देख सकते हो। इससे पहले भी ऐसे ही अनुभवों से कई चित्रकार ग़ुजरे हैं। हम, बुर्जुआ (मध्यवर्गीय) के लिए, यह टिप्पणी करना आसान है : हम आम तौर पर पीड़ा, ख़ाली वर्षों, निराशाओं तथा एक निर्वात में काम करना नहीं जानते। हमारी दुनिया बन्द है, आरामदायक है, और आम तौर पर सुरक्षित है—लेकिन..हम काम करने के हर्षोन्माद, स्वयं के द्वारा अपने मांस और रक्त से किसी चीज़ को जन्म देने, तथा इसे बनाने के गौरव को नहीं जानते। अन्ततः कौन अमीर है?

मैंने वाल्डेमर जॉर्ज को नहीं लिखा था। कला पर लिखने के बारे में सोचने के लिये भी मैं बहुत व्यस्त हूँ। मैंने मादमोसेल रेज़ीर को उसका पत्र दिया है, जो भारत में कुछ समय के लिये अध्ययन कर रही हैं और हमारे सभी कलाकारों और उनकी समस्याओं को जानती हैं। मैंने श्रीलंघमार के साथ चर्चा की और हम इस निष्कर्ष पर पहुँचे कि उसे 'प्रिज़म' के लिये लिखना चाहिए। इसलिए मैंने उससे जॉर्ज को मेरे नाम से उत्तर देने के लिये कहा। मुझे 'प्रिज़म' थोड़ा नीरस लगता है, लेकिन शायद कारण यही है कि हम बहुत दूर हैं और बहुत सारे विवरणों में दिलचस्पी नहीं रखते हैं।

हम तीस जून को यूरोप जा रहे हैं। मेरा मानना है कि हम सितम्बर में पेरिस में होंगे, मैं आशा करता हूँ कि कम से कम दो सप्ताह के लिए। मैं तुमको

लिखूँगा, लेकिन कृपया मुझे बताओ कि तुम्हारी योजना क्या है? मेरा पता होगा : c/o बोलकार्ट ब्रदर्स, विंटरथर, स्विट्ज़रलैण्ड। मैं तुम्हारी एक प्रदर्शनी देखना चाहूँगा, इसलिए कृपया मुझे सभी तिथियों (बिएननेल, लन्दन, पेरिस आदि) से अवगत करा दो।

अप्रैल में मैंने रेणु और कृष्णा खन्ना के साथ मद्रास में एक सप्ताह बिताया और हम केवल कला, कला और कला के बारे में बात करते रहे।

नीना जापान और कम्बोडिया में थी, कई सप्ताह के लिए। हम घर जाने से पहले रोम में तीन दिन बिता रहे हैं। क्या हम वहाँ फिर से मिलेंगे? शुभकामनाएँ और मेरे बारे में सोचने के लिये धन्यवाद। हो सकता है कि जब मैं वहाँ हूँ तो, पेरिस पर एक लेख लिख दूँ। तुम्हारी कलाकृतियों की तस्वीरें अच्छी दिखती हैं, उससे भी अच्छी जो तुमने मुझे '५३ में दिखायी थीं, लेकिन मैं रंगों को देखना चाहता हूँ।

हमेशा के लिये तुम्हारा,

रूडी

इ. श्लेसिंज़र का पत्र

इंडो-फार्मा
फार्मास्युटिकल वर्क्स
टेलीग्राम : इंडोफार्मा बॉम्बे
कोहिनूर रोड
बाम्बे १४
६ सितम्बर, १९५६

मेरे प्रिय रज़ा,

तुम्हारे संलग्न-पत्रादि के लिये बहुत आभार। यह कहना अनावश्यक है कि मैं तुम्हारी सफलता की ख़ुशख़बरी से बहुत प्रसन्न हूँ और हालाँकि थोड़ी देर से ही सही इसके लिये तुमको बधाई देता हूँ!

मैं तुमको यह बताना चाहूँगा कि एक पल के लिये भी मैंने तुम्हारे शीर्ष पर आने की क्षमता पर सन्देह नहीं किया है, यदि तुम अपने आप को सफलता के लिये आवश्यक, सभी ऊर्जा और दृढ़ता से अपने कला में ख़ुद को डुबा देते हो। यहाँ तुम्हारे सभी दोस्तों को इस तरह के एक प्रतिष्ठित पुरस्कार जीतने के बारे में जानकर बहुत ख़ुशी हुई और हम सभी चाहते हैं कि इतने-इतने सालों से कड़ी मेहनत के बाद तुम अपने इस पुरस्कार के हक़दार हो।

इसमें कोई सन्देह नहीं है कि तुम अपनी प्रदर्शनी में सफल होगे और मुझे बहुत ज़्यादा अफ़सोस है कि मैं इसे देख नहीं पाऊँगा। मुझे शायद अक्टूबर में यूरोप जाना होगा, लेकिन मैं नवम्बर या दिसम्बर से पहले पेरिस नहीं पहुँच सकता।

INDO - PHARMA
PHARMACEUTICAL WORKS
TELEGRAMS: INDOPHARMA BOMBAY

MANAGEMENT:
E. SCHLESINGER
H. BLASKOPF,

PHONE: 61297

OUR REFERENCE:
YOUR REFERENCE:

KOHINOOR ROAD
BOMBAY 14

6th September 1956.

My dear Raza,

I thank you very much for your kind letter with enclosures. Needless to say that I have greatly enjoyed the good news about your success and congratulate you, although a little bit late!

Let me tell you that not for a single moment did I ever doubt your ability to come out on top if you applied yourself to your Art with all the energy and persistence necessary to achieve success. All your friends here were very pleased to learn about your winning such a coveted prize and we all wish that you would get now your reward for struggling so hard for so many years.

No doublt you will be successful with your Exhibition and I regret very much that I will not be able to see it. I will have to go to Europe in October probably, but may not reach Paris before November or December.

One reason why I delayed my reply to you, was I hoped some newspapers would bring an article about you after they had all printed a short note circulated by P.T.I. but to my great disappointment, shortage of space was given as an excuse why so far nothing has been done. My attempt to make Mendonca from Sunday Standard write about you, brought very poor results and I do not like writing about me when I ask him only to write about you! Let's hope some more articles will follow as I have given information about your work to some papers and Mr. Oak promised to translate my article on your progress as a Painter, into Marathi, and print it in some well known vernacular newspaper.

Please let me know how you are getting on in your work and what you have benefitted materially by winning such a distinguished prize.

Best regards from Mr. & Mrs. Blaskopf, Langhammers and all other friends, and I can assure you not one has forgotten you or did not share our pride in your success. I gave to the Cement Company, the first painting I bought from you (view of Parsee Temple from Express Block window) for publishing a folder containing besides your painting, three others (Ara, Almelkar, Gade) with a short note on the painters.

With kindest regards to you from us all and to all friends too

Yours sincerely,

Schlesinger

(E. SCHLESINGER)

मेरा तुम्हें उत्तर देने में देरी का एक कारण है कि, मुझे आशा थी कि पी.टी.आई. द्वारा परिचालित लघु नोट को छापने के बाद सभी अख़बार तुम्हारे बारे में लेख भी प्रकाशित करेंगे, लेकिन मुझे बहुत निराशा हुई जब मैंने जाना कि जगह की कमी का कारण देते हुए उन्होंने ऐसा नहीं किया। रविवार स्टैण्डर्ड के मेंदोंका द्वारा तुम्हारे बारे में लिखने का मेरा प्रयास बहुत ख़राब नतीजे लाया है, और मैं अपने बारे में लिखवाना पसन्द नहीं करता जबकि मैंने उससे सिर्फ़ तुम्हारे बारे में लिखने को कहा था! आशा है कि कुछ और लेख अभी आयेंगे, जैसा कि मैंने तुम्हारे काम के बारे में कुछ अख़बारों को जानकारी दी है और श्री ओक ने पेंटर के रूप में तुम्हारी प्रगति पर मेरे लेख का मराठी में अनुवाद कर के उसे कुछ अच्छे स्वदेशी दैनिक समाचार पत्रों में छापने का वादा किया है।

कृपया मुझे बताओ कि तुम अपने काम को कैसे कर रहे हो और इस तरह के एक प्रतिष्ठित पुरस्कार जीतने के बाद तुमने भौतिक रूप से क्या लाभ उठाया है।

श्रीमान और श्रीमती ब्लास्कोफ़, लंघमार और अन्य सभी दोस्तों की तरफ़ से शुभकामनाएँ, और मैं तुमको आश्वासन देता हूँ कि किसी ने तुम्हें भुलाया नहीं है और तुम्हारी सफलता ने हम सभी को गौरवान्वित किया है। मेरे द्वारा ख़रीदी गयी तुम्हारी पहली पेंटिंग (एक्सप्रेस ब्लॉक विंडो से पारसी मन्दिर का दृश्य) के अलावा तीन अन्य (आरा, अलमेलकर, गाडे), को मैंने एक सीमेंट कम्पनी को चित्रकारों पर एक संक्षिप्त नोट के साथ एक फ़ोल्डर प्रकाशित करने के लिये दिया है।

मेरे और सभी दोस्तों की शुभकामनाओं के साथ।

सादर,

इ. श्लेसिंज़र

एम.एफ. हुसेन का पत्र

१३ सितम्बर, १९५६

मेरे प्रिय रज़ा,

मुबारक...मुबारक!

पेरिस में अपनी पहली एकल प्रदर्शनी और समीक्षक के पुरस्कार के इस शुभ अवसर पर मेरी हार्दिक बधाई।

तू शाहीं है परवाज़ है काम तेरा

तेरे सामने आसमाँ और भी हैं

मैं लन्दन गया और वापसी में पेरिस में रुकने की योजना थी, इसके बजाय मैं प्राग फिर वापस चला गया और एक सुन्दर सुबह मैंने पाया कि बदर बाग़ वाकई मौजूद है।

हमने इस साल नवम्बर में आठ चित्रकारों की कलाकृतियों की एक प्रदर्शनी की योजना बनायी है और ये हैं :

सतीश गुजराल–राम कुमार–कुलकर्णी–खन्ना–सामन्त–गायतोण्डे–हुसेन–राम कींकर और बेन्द्रे (अनिश्चित)।

यह पहले दिल्ली में दिखायी जायेगी, फिर उम्मीद है कि वह मुम्बई और कलकत्ता जायेगी। हालाँकि सामान्य मामलों से हटकर पहला प्रयास होने के बावजूद, यह सभी भारतीय प्रकृति की कई वार्षिक प्रदर्शनियों में से प्रस्तावित उद्यम बड़ी बाधाओं का सामना कर रहा है। फिर भी, हम शुरू करते हैं। हमारे काम के चयन में तुम्हारे और अकबर के कार्यों को शामिल

करना कुछ हद तक उचित होगा, लेकिन समय और अन्य प्रतिबद्धताओं के कारण यह सम्भव नहीं हो सकता है।

मैं तुमको इस शो के बारे में लिखूँगा और तुम अपने और अकबर के काम के बारे में लिखना।

कृपया मेरी कमज़ोर अँग्रेज़ी को क्षमा करना, तुमको और अकबर के परिवार को आदाब।

तुम्हारा

हुसेन

13-9-56

My dear Raza

Mubarak – mubarak.

My hearty congratulation on this happy occasion of your first one man show in Paris and for the Critic's award.

तु शाहीं है परवाज़ है काम तेरा
तेरे सामने आसमां और भी हैं –

I went upto London and had planned to break up in Paris on my way back, instead I rushed back to Prague again and one fine morning I realised that Badar Bagh does exist.

We have planed an exhibition in November this year of about eight painter's works, and they are

Satish Gujral – Ramkumar – Kulkarni
Khanna – Samant – Gaitonde
Husain – Ramkinker and Bendre (doubtful)

It will be shown first in Delhi, then hope to be taken over to Bombay and Calcutta. Though being the first attempt to break off the usual affairs of several ~~exhibi~~

एस. एच. रज़ा का पत्र

पेरिस
जून, १९५९

मेरे प्रिय बाल,

यहाँ उतनी ही ठण्ड है जैसे कि कश्मीर में हो या कहीं कुल्लू घाटी में। केवल हिमपात वाले पहाड़ अदृश्य हैं। हम लगातार एक महान शहर को देखते हैं, एक राक्षस की तरह सुन्दर, उसके अन्तहीन सुगबुगाते शोर को सुनते हैं और इसकी थरथराहट को महसूस करने के लिये विवश हैं। व्यक्तिगत रूप से मैं मौसम को छोड़कर सब कुछ से उन्मुक्त हूँ। यहाँ आने पर मैं बेहद थका हुआ था। इन सात दिनों में—मैं जानीन और उसके माता-पिता और महोदया विन्सी को छोड़कर लगभग किसी से नहीं मिला। सब मेरी वापसी पर ख़ुश हैं। मुझे जानीन को फिर से देखने में ख़ुशी हो रही है—जानीन, जिसने पेरिस में मेरे सबसे बुरे दिनों को देखा है।

कुछ दिनों पहले मैंने तैयब को लिखा था। इस आदमी को बम्बई छोड़ देना चाहिए। किसी और की तुलना में वह अपने आप को एक प्रतिकूल माहौल में पाता है, अटल, और एकाकी। लेकिन मुझे पूरा विश्वास है कि उसके पास एक महान चित्रकार होने के सभी आवश्यक गुण हैं। एक ऑपरेशन की ज़रूरत है। बुद्धिजीवी—शब्द के वास्तविक अर्थ में। उसे ख़ुद को मौक़ा देना है। उसकी कुशलता पर कोई शक नहीं करता, लेकिन वास्तव में उसका सचेतन मन है जो उसके अपने रचनात्मक काम को बाधित करता है। उसे अपने आप को स्वतन्त्र करना होगा। मैंने उसे यह

सब बताया है और शायद वह इसे जानता भी है। एक सचेत मन को रचनात्मक कार्यों में सक्रिय होना चाहिए, लेकिन ज्ञान, अर्जित ज्ञान चित्रकला की सम्पूर्ण क्रिया का महज़ एक हिस्सा है, जोकि कहीं अधिक जटिल है। उसे कहने दो—भाड़ में जाय पिकासो, भाड़ में जाय भगवत गीता, भाड़ में जाय पदमसी और रज़ा और सब कुछ।

एक दिन वो ऐसा कहेगा, मैं आश्वस्त हूँ।

मेरे लिये गाय (गायतोण्डे) एक समस्या है, हालाँकि उसके लिये यह कोई समस्या नहीं है। उसका प्रसन्नचित्त, शान्त रवैया मुझे उत्तेजित करता है। सब ठीक है। बधाई, आलोचना, अपशब्द सब समान प्रभाव छोड़ते हैं। यह आश्चर्यजनक है कि ऐसा भी कोई व्यक्ति है। वैसे यह है बहुत खिजाने वाला। लेकिन मैं गाय से प्यार करता हूँ। अपने काम में, उसकी वास्तविक संवेदनशीलता और सचित्र विचारों की तीव्रता है, लेकिन फिर भी, मुझे लगता है कि कुछ किया जाना चाहिए। क्या वह फ्रांस नहीं आ सकता, एक साल के लिये भी? तैयब को मैंने बहुत ही विनोद से लिखा था कि उसे यहाँ लाने के लिये साम दाम दण्ड भेद का मार्ग भी उचित होगा। जब मैं इसके बारे में अधिक गम्भीरता से सोचता हूँ, तो मुझे पता है कि उसके लिये यहाँ आने के कई रास्ते खुले हैं, सबसे आसान चीज़ें हैं, अगर कोई उसके काम-काज को सँभाल लेता कुछ समय के लिये ही सही। मुझे पता है कि मेरे इस पत्र से गाय उत्तेजित हो जायेगा, लेकिन उसे शान्त करने के लिये मैं उसे अलग से लिखूँगा। लेकिन वास्तव में उसके लिये सबसे अच्छी जानकारी Lanfranc (लांफ्रांस) और इसकी क़ीमतों की सूची होगी, जो मुझे लगता है कि उसे संस्थान में भौतिक भण्डार के लिये सख़्त ज़रूरत है। मुझे उम्मीद है कि यदि कोई पर्याप्त आर्डर रखा गया है तो मैं यहाँ उसे कम करा सकता हूँ।

अकबर को शुभकामनाएँ। उसे पता है लेकिन फिर भी उसे बताना कि सोलांगे ने कल पेरिस छोड़ दिया और वहाँ तेरह दिन में पहुँचेगा। राइसा काफ़ी बड़ी हो गयी है, बहुत ही प्यारी।

बाल। बॉम्बे का मेरा यह प्रवास सबसे बढ़िया रहा है, इसमें कोई सन्देह नहीं है कि तुम्हारे और हमारे कलाकार-दोस्तों के इस असाधारण समूह की वजह से। मैं आशा करता हूँ और मेरी यह इच्छा भी है कि हम शीघ्र

ही फिर पेरिस में मिलें। इस बीच, मैं चाहता हूँ कि बॉम्बे में गतिविधियाँ आगे बढ़ें। मैं आशा करता हूँ कि हमारे कलाकार अपने भौतिक इन्तज़ामों में अप्रत्यक्ष दर्शन और एक सामूहिक दृष्टिकोण बनाये रखेंगे। हालाँकि, एक बड़े स्तर पर, हम, आज सचित्र शोध में अन्तर्राष्ट्रीय योगदान के सन्दर्भ में सोचने पर मजबूर हैं, एक राष्ट्रीय विषय-वस्तु के महत्त्व पर मुझे कोई सन्देह नहीं है। लेकिन इस पर मैं आशा करता हूँ कि पाँच साल के बाद अधिक स्पष्ट रूप से बात करनी चाहिए। वर्तमान में हम रुपये-पैसे पर ही अटक जाते हैं।

दूसरों के जो भी निर्णय हों, मुझे लगता है कि तुमको आने का फ़ैसला करना चाहिए। तुम इसे दूसरों की तुलना में अधिक आसानी से कर सकते हो। तुम कहोगे कि आने पर इतना आग्रह क्यों। यह महसूस करना मुश्किल है कि फ्रांस में तुम्हारे रहने का मतलब क्या हो सकता है—बाल। तुम कर सकते हो, और दूसरे भी महसूस कर सकते हैं, केवल जब तुम यहाँ आओगे, रहोगे और अपने प्रवास से लाभ उठाओगे। मुझे आशा है कि तुम इस वर्ष अक्टूबर से पहले इसे सम्भव बना सकोगे। मैं तुम को इतनी मदद और आतिथ्य के लिये अपने पूरे दिल से आभार प्रकट करता हूँ। यह वास्तव में भव्य था। मैं आशा करता हूँ कि हमारी दोस्ती बढ़ेगी, और जब तुम आओगे तो मैं इन सबका प्रतिफल चुकाऊँगा उतनी ही दरियादिली के साथ।

मैं इस पत्र को जारी रख सकता हूँ, लेकिन मुझे अन्त करना होगा। साओ पाओलो मेरे ऊपर डेमोकलि की तलवार के रूप में लटक रहा है। गनीमत है कि रोज़मर्रे की ज़िन्दगी की जद्दोजहद से निपटने के लिये यहाँ पर पर्याप्त शराब उपलब्ध है।

सस्नेह

रज़ा

राम कुमार का पत्र

चौर व्यू
संझौली, शिमला

प्रिय रज़ा,

अन्ततः मुझे तुम्हारा पत्र मिल ही गया। मैं वास्तव में तुम्हारी चुप्पी के कारणों की कल्पना करना शुरू कर रहा था और सबसे भयानक था कि क्या कहीं कुछ ग़लतफ़हमी तो नहीं, शायद तुमने कुछ लोगों से दिल्ली में सुना होगा कि मैं तुम्हारे ख़िलाफ़ हूँ या ऐसा कुछ, अब सब कुछ स्पष्ट है। मैं सोच रहा था कि क्या वास्तव में हमारी दोस्ती ख़त्म हो गयी है और यह विचार मात्र ही भयानक था। लेकिन तुम्हारी चुप्पी—जब तुम दूसरों को लिखते रहे—विश्वासघाती थी और मुझे बहुत दुख हुआ। लेकिन तुम्हारा पत्र पढ़ने के बाद मेरा सभी रोष ग़ायब हो गया। तो हम अब पुनः मित्र हैं। कितना अच्छा है। वास्तव में रज़ा, भावुक हुए बिना, मैं तुम्हारे साथ मैत्री करना चाहता हूँ। तुम एकमात्र कलाकार हो जिससे मैं अपने दिल की बात कर सकता हूँ और अपनी दुविधाओं को दूर कर सकता हूँ। मैं अभी भी तुम्हें अपने सबसे घनिष्ठ दोस्तों में से मानता हूँ, भले ही तुम मेरे काम की निन्दा करते हों या मैं तुम्हारी आलोचना करता हूँ—यहाँ तक कि सार्वजनिक रूप से भी। तुम जानते हो, डी.एच लॉरेंस के एकमात्र और सबसे अन्तरंग मित्र ने समाचार पत्रों में उनकी पुस्तकों और उनके विचारों की भारी आलोचना की है। उनमें मतभेद बेशक था, लेकिन वे दोस्त बने रहे। मैं अपने बीच ऐसे ही सम्बन्धों को विकसित करना चाहूँगा।

तो, मेरे दोस्त, क्या तुमने चार तारीख़ को शादी की? यदि हाँ, तो मेरी

शुभकामनाएँ। मेरी ओर से जानीन को स्नेह। अब हम सम्बन्धी हैं और जब मैं उससे मिलूँगा, तो मैं उसे अपने दम पर प्यार करूँगा। क्या तुम शादी के बाद भी अपनी पुरानी जगह पर ही रहोगे? तो मैं चाचा होने की उम्मीद कब कर सकता हूँ?

तुम्हारे पत्र के साथ, एक और पत्र आया—पहला वाला वियना से मेरे भाई का था। वो युवा महोत्सव के लिये निकल गया। मैं बहुत ख़ुश हूँ कि वह यूरोप के लिये अन्ततः निकल ही गया। उसने इसका खुलासा कभी नहीं किया, लेकिन वह यूरोप हर सूरत में जाना चाहता था। यही सही उम्र है। कुछ अनुवाद कार्यों के सिलसिले में वह एक साल के लिये प्राग जाने की योजना बना रहा है। रज़ा, तुम्हें पता है, मैं उसे कितना प्यार करता हूँ? जब वह पेरिस आयेगा तो कृपया उसे थोड़ी मदद करना। वह तुम्हें कभी परेशान नहीं करेगा, लेकिन कृपया यह निश्चित करना कि वो आनन्द से रहे। मुझे पता है तुम उसे पसन्द करते हो। मुझे इस बिन्दु पर जोर देने की ज़रूरत नहीं है। यदि उसे पैसे की कमी है, तो उसे कुछ दे देना और मैं उसका भुगतान यहाँ कर दूँगा। मैं इस समय उसके वास्तविक कार्यक्रम को नहीं जानता।

ओह रज़ा, मैं इतना लिखना चाहता हूँ कि तुम पढ़-पढ़कर बोर हो जाओ।

समाचार-(१) सौ पौलो में बीएन्नाले (द्विवार्षिक) को अन्त में तय कर लिया गया। मिसेज मेनन और सौ पौलो के बीच व्यग्र कॉल्स की वजह से, आख़िरकार कुछ परिणाम सामने आये। परेशानी यह थी कि द्विवार्षिक अधिकारियों को ग़ैर-सरकारी भागीदारी मंजूर नहीं थी क्योंकि, भारत में ब्राज़ील की प्रदर्शनी अच्छी तरह से आयोजित नहीं हो पायी और उससे कई ग़लतफ़हमियाँ पैदा हो गयी थीं। हालाँकि, १ अगस्त को साओ पाउलो से अन्तिम केबल ने इस शो की पुष्टि कर दी है। हुसेन को तुरन्त बम्बई जा कर, अकबर, गायतोण्डे, और कृष्ण के कामों को भेजना पड़ा, उसके और मेरे कामों को दिल्ली से इकट्ठा किया गया। उन्हें लपेट कर हवाई जहाज़ से भेजा गया। वे सोच रहे थे कि हम उन्हें सीधे हवाई जहाज़ के द्वारा कैसे भेज सकते हैं और क्या हम अपने कैनवस को रोल करने के लिये सहमत होंगे, तुमने श्रीमती मेनन से यह सब सुना होगा।

(२) पेरिस बीएन्नाले-७० चित्रों में से, समिति ने ४ चित्रों को पेरिस

भेजने के लिये चुना। एक-एक अकबर, गायतोण्डे, ज्योति भट्ट और मेरी। कृपया मुझे प्रेस की प्रतिक्रिया बताना। दुर्भाग्य से मेरे पास एक बुरी पेंटिंग है। चूँकि मैं शिमला में था, और उन्होंने दिल्ली में कइयों में से एक का चयन किया, चयन समिति में हुसेन, शंखो चौधरी, प्रदोष दास गुप्ता और नियोगी शामिल थे। ख़राब चयन नहीं है।

(३) हुसेन ने जापान में एक पुरस्कार जीता। मारियाची समाचार पत्रों के इस अन्तर्राष्ट्रीय प्रदर्शनी में पाँच विदेशी कलाकारों के नाम हैं। हेनरी मूर को भी एक मिला है। यह भारत के लिये काफ़ी सम्मानजनक है। हुसेन बहुत ख़ुश था।

(४) मैं अब तक शिमला में ही रहा हूँ। केवल २६ जुलाई को, मैं टॉम केशू के कार्यालय में टॉम द्वारा वित्तपोषित 'कला वार्षिक' के प्रकाशन के सम्बन्ध में एक बैठक में भाग लेने के लिए, एक सप्ताह के लिये दिल्ली गया था। नियोगी इसके सम्पादक, और हुसेन, शंखो और मैं सलाहकार समिति में है। इस परियोजना की लागत १,००० प्रतियों के लिये रु. १५,००० /- है। टॉम न्यूयॉर्क में कुछ पैसे की व्यवस्था करेगा। हाल के अच्छे काम के २५ रंगीन और ५० काले और सफ़ेद प्लेट होंगे। पाठ्य भाग चौबीस पृष्ठों का होगा। यदि यह कार्यान्वित होता है तो यह आधुनिक कला का एक अच्छा संग्रहणीय प्रकाशन होगा। फ़िलहाल मैं १५ सितम्बर तक शिमला में रहना चाहता हूँ।

(५) दिल्ली और बॉम्बे के आर्ट गैलरी अच्छी तरह से कमाई कर रहे हैं। नानावती का अभी बिल्कुल निश्चित नहीं है कि कब शुरू होगा। दिल्ली की कुमार गैलरी ने सितम्बर में मेरा शो लगाया था। अक्टूबर में मैं बॉम्बे में होने की उम्मीद करता हूँ और वहाँ एक शो आयोजित करना चाहता हूँ।

मैं पूरी तरह से ठीक हूँ यहाँ। यह जगह बहुत नितान्त और शान्तिपूर्ण है, शायद थोड़ा एकाकी और कभी-कभी उबाऊ भी। मैंने यहाँ बहुत अच्छा काम किया है, ज़्यादातर परिदृश्य। मेरी इच्छा थी कि तुम उन्हें देखो। मैं दिल्ली अपने साथ छह ले गया, जिनमें से तीन ब्राजील भेज दिये गये हैं। लम्बे समय के बाद मैं जीवन पर कुछ स्केच कर रहा हूँ। वे बिल्कुल भी बुरे नहीं हैं। कुछ भाग्य ने भी साथ दिया—मेरी तीन पेंटिंग पिछले महीने

बेची गयी थीं और अब मैं बहुत धनवान महसूस कर रहा हूँ।

मुझे यूरोप में तुम्हारी सफलता के बारे में जानकर बहुत प्रसन्नता हो रही है। रज़ा, मुझे लग रहा है कि अगले पाँच साल तुम्हारे काम के लिये बहुत महत्त्वपूर्ण होंगे। यह तुम्हारे समूचे अतीत का एक निश्चित रूप धारण करेगा और एक स्पष्ट उपलब्धि उभरकर सामने आयेगी जो तुम्हारे लिये अन्तरराष्ट्रीय कला जगत में जगह बनायेगी। तुमको इसमें अपनी सारी ऊर्जा, समय और एकाग्रता देनी होगी। सम्भावनाएँ हैं। तुम एक नयी दुनिया की दहलीज़ पर हो। तुम्हारे संघर्ष का यह चरण—मुझे लगता है—बहुत महत्त्वपूर्ण है। मैं इस पर विश्वास करने लगा हूँ। जैसा कि मैं तुमको जानता हूँ, दूसरे तुम्हारे बारे में क्या सोचते हैं, तुम इस पर ख़ुश नहीं होते हो और तुम्हें पता है कि तुम कहाँ खड़े हो।

तुम अपनी भारत की यात्रा से ख़ुश हो। तुम्हें जल्दी ही जानीन के साथ फिर से आना चाहिए। तुम्हारी प्रदर्शनी की अनुगूँज अब भी यहाँ पर हैं। मुझे लगता है, यह १९५९ की कला दुनिया की सबसे बड़ी घटना थी। यहाँ कुछ समय तक इसका असर रहेगा।

तुम्हारे पत्र ने, पेरिस के लिये विशेष रूप से पुरानी यादों को जगाया है। मैं चाहता हूँ, मैं वहाँ फिर से आ जाऊँ। शायद अगले साल। वहाँ हमने कितना ज़बरदस्त समय बिताया था! मुझे अब भी वहाँ की यादें सताती हैं।

क्या तुम्हारी किताब बॉम्बे से छप गयी है?

तुम पेरिस में कृष्ण खन्ना से अवश्य मिले होगे। उसकी पत्नी ने यहाँ उसके कुछ कामों की चर्चा की। इस बार जब मैं उससे मिला, तो मुझे वो कुछ हद तक बदला हुआ लगा। कभी-कभी हमारी सफलता की अवधारणा को या एक कलाकार के अच्छे काम की मान्यता, उसके काम की बिक्री से मापा जाता है। अफ़सोस की बात है। लेकिन हम ऐसे भौतिकवादी हैं—कभी-कभी लगभग व्यापारियों की तरह। हमारे आदर्श कहाँ हैं? हमारे दुख और संघर्ष?

'कला' के लिये धन्यवाद, जिसे मुझे जल्द ही प्राप्त करने की आशा है। क्या तुम 'डिजाइन' के लिये सदस्यता चाहते हो? मैं इसे यहाँ से कर सकता हूँ। मुझे ख़ुशी होगी। कृष्ण बहुत सी पेंटिंग्स कर रहा है। पिछले

दिनों, मैं और हुसेन उन्हें देखने के लिये उसके यहाँ गये थे। कुछ बहुत अच्छे हैं। वहाँ मैं बंगाली और उसकी पत्नी से मिला।

अब मैं रुकता हूँ। इस लम्बे पत्र से तुमको भी जल्द ही मुझे एक लम्बा पत्र लिखने के लिये प्रेरणा मिलनी चाहिए। मैं इन्तज़ार करूँगा। जानीन को स्नेह। तो मेरे दोस्त! मुझे तुम्हारी याद आती है। जल्द ही लिखो।

राम

बाल छाबड़ा का पत्र

१२ जनवरी, १९६१

हेल्लो रज़ा,

कितना रोमांचक है, फ़ोन पर बात करना—बॉम्बे–पेरिस? मुझे यक़ीन है कि जब मैं 'घंटी मराफ़ाई' हर बार मैं तुमको सोये से जगाता हूँ।

यहाँ सब ठीक है, जहाँ तक दिल्ली की प्रदर्शनी का सवाल है, हमने इसे स्थगित कर दिया है, मुझे लगा कि हम जल्दबाज़ी कर रहे हैं, और इस तरह के गम्भीर विषयों पर ऐसे काम करने में कोई मज़ा नहीं है। केवल अकबर और हुसेन ही बहुत संजीदा थे, लेकिन मैंने फ़िलहाल इसे phatanged करने का फ़ैसला लिया।

गैलरी ५९ द्वारा प्रायोजित यह एक ग्रुप शो होना था, जिसमें रज़ा, गायतोण्डे, कृष्ण खन्ना, हुसेन, राम कुमार, अकबर और बाल छाबड़ा भी शामिल थे। (सभी की आग्रहपूर्ण माँग पर!!!)। फिर भी मैं ख़ुश हूँ कि फ़िलहाल इसे स्थगित कर दिया गया है। बॉम्बे में कृष्ण और गायतोण्डे की दोनों प्रदर्शनी बहुत ही शानदार थी और सबसे अच्छा काम यह रहा कि कृष्ण ने १३,०००/ की पेंटिंग बेची। और गाय ने रु १५,०००/–की बिक्री की। और उसकी प्रदर्शनी वास्तव में प्रथम श्रेणी की थी। मैं उनके लिये बेहद ख़ुश हूँ और मैं जल्द ही पेरिस आने की योजना बना रहा हूँ।

मैंने दीर्घाओं और संग्रहालयों को टेलीग्राम भेजा है कि जल्द से जल्द तिथियों को तय कर के मुझे सूचित करें। करने के लिये कहें। क्या तुम इसका पता लगा सकते हो? यहाँ सभी गीज़र्स के साथ, हमने कुछ रोचक

शामें बितायीं और बहुत सारी बातें कीं! लेकिन अभी मैं किसी भी चीज़ पर चर्चा करने के मूड नहीं हूँ। अकबर जल्द ही अपना शो करने जा रहा है। वो एकल प्रदर्शनी 'कुनिका दीर्घा' दिल्ली में २२ फ़रवरी, १९६२ को करेगा, ताकि अपनी चिन्ता का ख़्याल रख सके। वह यहाँ एक फ़्लैट ख़रीदने की सोच रहा है ताकि जब वह भारत की यात्रा पर हो तो आराम से रह सके। बहुत बातचीत के बाद मैं ललित कला प्रदर्शनी में भाग लेने के लिये सभी गीज़रों को मनाने में सक्षम रहा। मैंने अपनी सबसे उत्तम कृति भेजी और वह चुन भी ली गयी है। अकबर को एक पुरस्कार मिला (एक आइटम), हमारे ख़्याल से १००० / रुपये का। और प्रदर्शनी का उद्घाटन २१ को होगा। मुझे लगता है कि मैं वहाँ कुछ दिनों के लिये जाऊँगा। मैं निश्चित रूप से पेरिस में 'यंग पोंटुर' को याद रखूँगा और यह जानते हुए कि जानीन न्यायाधीश हैं, तो हो सकता है कि मुझे एक मौक़ा मिल जाय! मुझे लिखने के लिये और जगह नहीं है, तो तुम सभी समाचारों के साथ अब जल्द ही लिखो। (क्या तुम्हें मेरा नये साल का टेलीग्राम मिला?)

जानीन को बहुत प्यार और तुमको भी। बाल।

राम कुमार का पत्र

दाक्ले,
रानीखेत (उ.प्र.)
१४ अक्टूबर, १९६१

प्रिय रज़ा,

ऐसा लगता है कि तुमसे सम्पर्क किये हुए कितना लम्बा समय गुज़र गया। और आज रात, (२ बजे) जब मैं सोने में असमर्थ हूँ (मुझे नहीं लगता है कि मैं अनिद्रा से पीड़ित हूँ), एक किताब पढ़ते हुए मैंने सोचा कि बेहतर होगा यदि मैं तुम्हें अभी लिखूँ। किसी भावुक कारणों से नहीं, बल्कि उन सभी पुराने दिनों के कारण जो हमने एक साथ बिताये थे और जो मुझे हमेशा उन यादों की कल्पना के साथ सतायेंगे।

मैंने तुम्हारा पत्र श्रीपत राय को पढ़ाया (चूँकि हम दोनों एक साथ एक बड़े बंगले में हैं) और हमने तुम्हें तुरन्त लिखने का फ़ैसला किया। मैं हिमालय के इस दूरदराज के कोने में दो महीने पहले श्रीपत के पास आ गया था, जहाँ पहाड़ों की अनन्त चुप्पी को छोड़कर कुछ भी नहीं जो दिन और रात को गूँजते रहते हैं। प्रकृति को छोड़कर किसी भी विकर्षण के बिना काम करने के लिये यह एक आदर्श स्थान है—मेरे कमरे की खिड़की से दिखायी देते झिलमिलाहट वाली बर्फ़ और उसके साथ वो दिव्य धूप! मेरी पत्नी और मेरा बेटा (हाँ, मेरा बेटा, ५ महीने का है) भी यहाँ हैं। मैं नवम्बर के पहले सप्ताह तक यहाँ रहने की सोच रहा हूँ।

तुम्हारी ख़बर मेरे दिल को आनन्द और गर्व से भर देती है। मॉन्ट्रियल और पेरिस में तुम्हारा शो और कैलिफ़ोर्निया की आने वाली यात्रा...वे सभी

बेहद उत्साहजनक हैं। मैं तुमको तुम्हारी यात्रा में सफलता की शुभकामनाएँ देता हूँ, जोकि मुझे यक़ीन है, सफलता से भरा होगा। लेकिन तुम...तुम वास्तव में एक बेवफ़ा दोस्त हो। तुमने मेरे उन दोनों पत्रों के उत्तर देना भी कभी ज़रूरी नहीं समझा, जो मैंने तुम्हें बहुत पहले लिखे थे। और हम वास्तव में तुम्हारे बारे में ख़बरों की कुछ छोटे-छोटे टुकड़ों की आस लगाये रहते हैं।

पेरिस में कला गतिविधियों के बारे में सूचना मुझे नियमित रूप से 'आर्ट्स' से प्राप्त हो जाती है। यहाँ, बहुत कुछ हुआ है जो मुझे नहीं पता, तुमको कितने लोगों ने बताया है। और इसके अलावा, हुसेन ने तुमको काफ़ी कुछ समाचार दिये होंगे। मुझे पिछले दिनों बाल से एक पत्र मिला और वह कहता है कि वह गायतोण्डे और कृष्ण खन्ना का, अपनी गैलरी में शो प्रस्तुत करने की योजना बना रहा है। वह वहाँ कुछ दिनों के लिये आ सकता है।

मैं अप्रैल १९६२ में यूरोप आ सकता हूँ, लेकिन बहुत पक्का नहीं है।

मेरा काम हमेशा की तरह जारी है। मेरी अगले महीने दिल्ली में प्रदर्शनी हो सकती है क्योंकि मेरे पास काफ़ी नये कैनवस बन कर तैयार हैं।

मुझे यह जानकर बहुत ख़ुशी है कि जानीन अपने काम में बहुत प्रगति कर रही है। कृपया उसे मेरा सम्मान देना। मुझे आश्चर्य है, वह किस दिशा में चल रही है।

तुमको यह जानकर ख़ुशी होगी कि मुझे ललित कला अकादेमी के सदस्य के रूप में चुन लिया गया है। लेकिन अकादेमी के काम में मैं कितना योगदान कर सकता हूँ, इस पर मुझे सन्देह है। जैसा कि मैंने तुमको पेरिस में कहा था कि जल्द ही अकादेमी विश्व प्रदर्शनियों में भारतीय भागीदारी के लिये जिम्मेदार होगा—यह अब सच हो गया है। उन्होंने साओ-पाउलो, पेरिस के लिये कलाकृतियाँ भेजीं और वे वेनिस और 'कॉमनवेल्थ आर्ट टुडे' शो, जो लन्दन में आयोजित किया जा रहा है, में भाग लेंगे।

अकबर कैसा है? क्या वह जल्द ही भारत आ रहा है?

उपर्युक्त पते पर मुझे अपने बारे में विस्तार से लिखना, मैं १० नवम्बर तक यहाँ रहने की सोच रहा हूँ। तुम्हें और जानीन को प्यार।

राम

बाल छाबड़ा का पत्र

सेवेंथ हेवन
२९ नवम्बर, १९६१

मेरे प्रिय रज़ा और पोप्दी जानीन,

तुम्हारा पत्र प्राप्त करके मैं काफ़ी रोमांचित हो गया और मुझे तुम दोनों के बारे में सभी समाचार सुनकर बहुत ख़ुशी हुई—हाँ, रज़ा-कृष्ण अपनी राह पर हैं मुक्त विश्व में—उसे महसूस करने के लिए—प्यार करने के लिए—संघर्ष करने के लिए—यह आसान नहीं है, दुनिया को जैसा मैं समझता हूँ—लेकिन उसे अपनी ताक़त को साबित करना चाहिए—वह मजबूत है, लेकिन नरम भी है। उसके बम्बई में पिछले छह महीनों तक रहने के बाद मैं उसे बेहतर समझ गया हूँ और मुझे ख़ुशी है कि उसने बैंक छोड़ दिया है—इसके अलावा, उसके स्थिर, बेजान बैंक अकाउंटिंग छोड़ने का एक कारण मैं हूँ, मूर्खतापूर्ण जीवन—यह कोई जीवन नहीं है। मुझे लगता है कि यह उसके काम में बहुत ज़्यादा मदद करेगा इस उम्मीद में कि सौदेबाजी की उसकी कमज़ोरी (उसमें निहित बैंकर) उसको फिर से न दबोच ले।

मैं १३ दिसम्बर को कृष्ण की प्रदर्शनी कर रहा हूँ और गायतोण्डे की २७ दिसम्बर को। सभी गीज़र यहाँ होंगे, केवल तुमको थोड़ा समय देना होगा—यह सबसे बढ़िया चीज़ होगी जोकि हम करेंगे और फिर लोटा वास्तव में होगा उल्टा!!

यू.एस.ए. के लिये तुम्हारी योजनाओं को सुन कर बहुत अच्छा लगा और विशेष रूप से कैलिफ़ोर्निया—मेरा दूसरा निवास!! मैं कोशिश करूँगा

वहाँ भी पहुँचने के लिए—जो निश्चित रूप से संयुक्त राज्य अमरीका को हिला देगा! लेकिन तुम्हारे अमेरिका के कार्यक्रम के बारे में जानकर और अक्टूबर ६२ में वापस आने पर, मुझे लगता है कि तुमको गैलरी मुस से बात करके, हमारी प्रदर्शनी को आगे बढ़ाना चाहिए। लगभग '६२ के अन्त में। क्योंकि तुम्हारे बिना पेरिस में प्रदर्शनी असली जोश से नहीं की जा सकती है। और कोई भी मुझे, फतांग फतांग को छोड़कर नहीं समझ नहीं पायेगा! लेकिन फिर भी गैलरी मुस को पहले तिथि निर्धारित कर लेने दो।

जानीन की ख़बर पेरिस में सुर्ख़ियों में हो रही है और वो पुरस्कार प्राप्त कर रही है यह अपने आप में ज़बरदस्त ख़बर है। जैसा कि तुमने लिखा है, आख़िरकार समय आ गया है कि हम गीज़र्स के सभी कार्यों की शुरुआत धमाकेदार और फतांग के साथ शुरू हो गयी है। तो ऐसा ही हो और उन्हें लेने दो, दुनिया को मेरा मतलब है।

हेलेन एक बढ़िया पॉपडी है और हमारा अ ला कार्ट (अलग-अलग) दिल मिल गया है। तुमको यह जानकार आश्चर्य होगा कि वह पेरिस में मेरी पेंटिंग की पहली कलेक्टर (संकलनकर्ता) होने जा रही है। उसने 'वीमेन वर्कर्स' को चुना है जिसे तुमने भी देखा है। मैंने उन्हें सभी गीज़रों के कामों को दिखाया और वो उनसे मिलीं भी। वह तुमको अपनी प्रतिक्रियाएँ बतायेगी। पृष्ठ समाप्त होता है, इसलिए मैं रुकता हूँ। फिर लिखना। तुम्हारा पत्र प्राप्त करना अच्छा लगता है।

बाल

पुनश्च : फ़ोन की बातचीत शानदार थी और कितनी साफ़—मुझे प्रेरित करती है—तुम घण्टी पुनः सुनोगे।

बाल छाबड़ा का पत्र

१४ मार्च, १९६२

रज़ा साहिब,

वल्लाह क्या बात है! कई दिनों से कोई समाचार नहीं—पेरिस में प्रदर्शनी के लिये गैलरी देने में अक्षम होने के कारण, मुझे संग्रहालय के निदेशक का अपना खेद व्यक्त करते हुए, एक पत्र मिला। मुझे यक़ीन है कि तुमको काफ़ी समय पहले ही इस की सूचना मिल गयी होगी और मुझे आश्चर्य है कि तुमने मुझे इसके बारे में कभी नहीं लिखा—क्या हुआ? क्या तुम्हें इतना अफ़सोस हुआ कि तुम्हें मुझे ख़बर करने में हिचकिचाहट हो रही थी! इसका क्या मतलब है? तुम्हें कम से कम लिखना तो चाहिए था। मैं तुमको आश्वस्त करना चाहूँगा कि मुझे कतई बुरा नहीं लगा है, मुझे ख़ुशी है कि मुझे इसकी सूचना तो मिली। क्योंकि मैं केवल इस कार्यक्रम पर निर्भर करते हुए, एक फालतू से अनिश्चय के साथ फँसा हुआ इसका इन्तज़ार कर रहा था। अब मैं बिलकुल ठीक हूँ। मैं अब अन्ततः स्वतन्त्र हूँ।

अकबर और कृष्ण ने दिल्ली में अपनी प्रदर्शनियाँ आयोजित की थीं और वे दोनों बहुत ही सफल रहे। अकबर ने बॉम्बे में स्वामित्व के आधार पर एक फ़्लैट ले लिया है। इसलिए मुझे पूरा यक़ीन है कि वह अब हर साल बम्बई में आयेगा। तुम भी ऐसा क्यों नहीं करते? यह बेहद अच्छा होगा, तुम अमेरिका कब जा रहे हो? तुम्हें आश्चर्य नहीं होना चाहिए यदि मैं तुम्हें वहाँ भी मिलूँ।

मैं पिछले दो महीनों से एक बड़ी पेंटिंग पर व्यस्त रहा हूँ जिस पर मैं काम कर रहा हूँ। यह अभी भी पूरी नहीं हुई है लेकिन बस होने वाली है। इसे

समाप्त करके, मैं तुम्हें और जानीन को लिखूँगा कि तुम दोनों पहले आओ और इसको स्वीकृत या अस्वीकार करते हुए यह देखो कि गीज़र क्या कर रहा है।

हाँ! लेकिन मुझे निराश मत करना!!! तुम दोनों कैसे हो? चित्रकारी और एक-दूसरे को फतांगिंग (phatanging) मुझे यक़ीन है!!!!

मेरे दोस्त बस जिओ, क्योंकि यही सब मायने रखता है। मोहब्बत।

मोहब्बत

बाल।

पुनश्च : कृपया इस संलग्न पत्र को कृष्णा रेड्डी को दे देना। धन्यवाद।

बाल छाबड़ा का पत्र

१९ जून, १९६२

रज़ा जी, जानीन जी—नमस्ते,

मुझे बहुत अच्छा लगता है जब मैं तुमको लिखने के लिये बैठता हूँ, जो दुर्भाग्य से मेरे मूडी गीज़र होने की वजह से सदैव देर से होता है। मुझे तुम्हारा प्रदर्शनी कार्ड कल मिला है और अब तक मुझे पता है कि तुम्हारे चित्र सुर्ख़ियों में होंगे और बम्पर बिक्री की तरफ़ अग्रसर होंगे।

मैं सतीश गुजराल की पेंटिंग के पूर्वावलोकन से वापस आया हूँ। यह प्रदर्शनी आज रूपा आर्ट गैलरी में शुरू हो रही है। मुझे कहना चाहिए कि उसका अभी का काम उत्साहजनक है और मुझे वास्तव में कुछ चित्र पसन्द आये। कुछ महीने पहले मैंने उसका काम पसन्द नहीं किया था—कुछ अमरीकी और सामन्ती बनावट का प्रभाव! लेकिन वर्तमान काम ठीक है—आख़िरकार हम कभी नहीं जानते कि समय लोगों को कितनी जल्दी बदल देता है!

गाय ने अपने शो के बाद कुछ अच्छी पेंटिंग और कई चित्र तैयार किये हैं और इसके अलावा उसने उन्हें अच्छी क़ीमतों पर बेच भी दिया है। हुसेन को राजस्थान का दौरा करना पड़ा, एक पोप्दी (एक नया मित्र!) के साथ, यह एक पेंटिंग टूर था!!! इसका नया काम राजस्थान पर है। दोनों तरीक़ों से दिलचस्प! राम कुमार परिवार के साथ रानीखेत की पहाड़ियों में वापस चला गया है। वह कुछ दिनों के लिये मुम्बई आया था और हमने काफ़ी गपशप की! वह ठीक है। कृष्ण अपने दौरे पर रवाना हो गया है और अब इस गीज़र में वापस आ जायेगा, बाल—उसने भी ख़ुद को चित्रकला में

व्यस्त रखा है, मन्द गति लेकिन स्थिर तरीक़े से। मैंने एक बड़ी पेंटिंग ८ फीट × ६ फीट की समाप्त कर ली है और इसे पूरा करने में मुझे तीन महीने और चार दिन लग गये। लेकिन पेंटिंग सन्तोषजनक ढंग से पूरा करने में समय कोई मायने नहीं रखता है। मैं सिर्फ़ दो लोगों को इसे दिखाना पसन्द करूँगा, तुम्हें और अकबर को और हाँ निश्चित रूप से जानीन पोप्दी को। मैं सोचता हूँ कि यह कब सम्भव होगा।

मैं इस विचार में था कि तुम अमेरिका के लिये रवाना हो गये हो और मैं भी वहाँ जाने की योजना बना रहा था, लेकिन नयी यात्रा और विनिमय नियम जो ८ जून, १९६२ के बाद से लागू हुए हैं, कोई भी अब रिज़र्व बैंक से परमिट के बिना देश नहीं छोड़ सकता है। अब जब तुम वहाँ हो तो मुझे अमेरिका में रहने के लिये किसी ठोस आधार की व्यवस्था करनी होगी। मुझे अमेरिका का अपना पता लिखना।

अकबर के यहाँ से जाने के बाद मेरा उससे कोई सम्पर्क नहीं है। हाँ, अभी-अभी मैंने उसे लिखा है कि वो मुझे दो लाइन लिखे ताकि मैं उसको फटांग करने के लिये प्रोत्साहित हो सकूँ। सुना है कि उसने पेरिस में बहुत सारे काम किये है। वह उसकी हिन्दुस्तान से मिली प्रेरणा से होना चाहिए!! और पोप्दी हेलेन कैसी हैं? मैंने उसे भी नहीं लिखा है। उसे बताना कि मैं उसे हमेशा याद करता हूँ और उससे कहना कि वह मुझे लिखे। मुझे उसे शीघ्र ही आमन्त्रित करना होगा। तुम्हें पता है कि मुझे वो पोप्दी पसन्द है। मैं अब पेरिस के मूड में आ गया हूँ। काश मेरे पास एक हे-ली-काप-टर होता!

●

३ जुलाई

मेरी बेवकूफ़ी से यह पत्र अभी भी पोस्ट नहीं किया गया है। मैं कुछ और जोड़ना चाहता था लेकिन देखो यह क्या हो गया... !! तो अब तुम यू.एस.ए. जाने के लिये तैयार हो। मुझे आशा है कि तुम्हारे रवाना होने से पहले यह पत्र तुम्हें मिल जाय। इधर बीच मैं सीमित पेंटिंग कर रहा हूँ। मेरे साथ एक अतिथि रह रहे हैं। कुछ पार्टियाँ भी हुई हैं फिर मेरी कुक चीरन, जिसकी

शादी में तुमने भाग लिया था, ने मुझे स्थायी रूप से छोड़ दिया है, कोई कारण नहीं, बस हो सकता है कि उसे एक बदलाव की ज़रूरत हो या शायद बेहतर सम्भावनाएँ, मैं पिछले दो हफ़्तों से अपना नाश्ता, चाय आदि स्वयं बना रहा हूँ। यह मज़ेदार है लेकिन बहुत समय बर्बाद करता है। मैं पेंटिंग की अपनी मनोदशा पर वापस आ गया हूँ और इसमें लग गया हूँ। यू.एस.ए. से मुझे लिखना, तुम्हें और जानीन को बहुत प्यार।

बाल

बाल छाबड़ा का पत्र

मेरे प्रिय रज़ा-जानीन-अकबर-सोलांगे,

अगर ख़बर अभी भी आपके शहर नहीं पहुँची है, तो साँस रोक कर रखिए गीज़र बाल छाबड़ा, उर्फ प्रदर्शक-डिस्ट्रीब्यूटर-निर्माता-व-निदेशक-गैलरी मालिक और अब छोटावाला कलाकार चित्रकार-फतांग हुआ और एक मिस जीत सिंह से १८ अगस्त, १९६३ को सेवेंथ हेवन (परमानन्द) में सिविल विवाह संहिता के तहत शादी कर ली। किसी रिश्तेदार या परिवार के लोगों को नहीं बुलाया गया, और दुल्हन को भी विवाह समारोह के केवल दो घण्टे पहले पता चला कि वो स्थायी रूप से फतांग होने जा रही है—तीन गवाहों के सामने-गुन्ननट और उनकी पत्नी उस्माईल अहमदाबाद से और गायतोण्डे वो भी आख़िरी क्षण में ही घटनाओं के बारे में जागरूक हुआ और आश्चर्यचकित था! निस्सन्देह बहुत सारे लोग चकित थे!! लेकिन सभी इस समाचार से ख़ुश थे—और मैं भी—मैं अब यह कह सकता हूँ क्योंकि इसे तीन सप्ताह हो गये हैं और हर चीज़ अ ला कार्ट उम्दा चल रही है, ढेर सारी ख़ुशियाँ और प्यार, प्यार, प्यार, प्यार, और प्यार।

अब जब मैं आप सभी शादीशुदा गीज़र्स के समूह में मिल गया हूँ—तो शायद अब आप मुझे लिख सकते हैं, लम्बे समय से मुझे आपमें से किसी का एक पत्र नहीं मिला है। आप यहाँ कब आ रहे हैं?

हम दोनों की तरफ़ से बहुत सा प्यार।

बाल।

पुनश्च : मुम्बई के पते पर लिखें।

अकबर पदमसी का पत्र

१ मार्च, १९६३

मेरे प्रिय रज़ा,

तुम्हारे पत्र और साथ ही सभी समाचारों के लिये बहुत धन्यवाद। भारत का समाचार—मैं अब लगभग छह हफ़्ते से यहाँ पर हूँ, और मैंने तत्काल उन मुद्दों पर ध्यान दिया जिन मुद्दों ने पेरिस में हमें, भारत को लेकर सबसे अधिक चिन्तित किया है। सीमा के बारे में चिन्ता या दिलचस्पी भारतीय को परेशान नहीं करती है, अख़बारों के प्रचार को छोड़कर किसी को भी पता नहीं चलेगा कि समस्या सचमुच में है—लोगों पर इसका अप्रत्यक्ष प्रभाव पड़ता है, नये बजट की तरह, जहाँ कर बढ़े हैं जिससे २०% तक रोज़मर्रे की चीज़ों में इज़ाफ़ा हो गया है। इसके अलावा रक्षा बांड की ख़रीद भी अनिवार्य कर दी गयी है। वैसे किसी को कोई शिकायत नहीं होती अगर उन्हें पता चलता कि पैसे का इस्तेमाल अच्छी तरह से किया जायेगा, लेकिन फिर इसके साथ ही, हम यह भी जानते हैं कि सरकार शिवाजी की मूर्ति बनाने में तीन लाख ख़र्च कर रही है जबकि साहित्य अकादेमी के पुरस्कार विजेताओं को रक्षा बांड में उनके पुरस्कार की राशि दी गयी है। अकुशलता और भ्रष्टाचार व्यापक हैं, किसी के लिये यह कोई रहस्य नहीं है कि बम्बई में हर तीसरा घर एक अवैध शराब कारखाना है और विद्यालयों के छात्र इस भयंकर सामग्री को पीते हैं, लड़के नशे में पाये जाते हैं, निषेध नहीं हटाया जायेगा, क्योंकि इससे राजस्व का बहुत बड़ा नुकसान होगा, न तो पुलिस और न ही शराब के तस्कर लोग निषेध चाहते हैं, क्योंकि दोनों का ही धन्धा बन्द हो जायेगा। इसके अलावा कांग्रेस पार्टी

के लिये मतदान करने वाले शराब के तस्कर हैं, इनको पता है कि इस उद्योग की पहुँच इतनी व्यापक है, जिसके ज़रिये वे हज़ारों मतों पर क़ब्ज़ा कर सकते हैं। यह सब केवल सत्ता में बने रहने के लिए, इसका प्रभाव लोगों में बग़ावत का नहीं है, बल्कि एक समर्पण का है, सत्ता पलट के बाद कोई वैकल्पिक पार्टी नहीं हैं, इस समय एक सैन्य तख़्तापलट की भी उम्मीद नहीं की जा सकती क्योंकि विभिन्न उच्च कमाण्डों के बीच कोई समन्वय नहीं है। लेकिन वो भी शायद ही एक समाधान होगा, क्योंकि उसी तरह के व्यसन जारी रहेंगे और इस बार बन्दूक के साथ। मुझे यह लग रहा है कि 'आपातकाल' का अधिकतम इस्तेमाल किया जा रहा है, वे अधिक टैक्स पाने और अधिक विदेशी सहायता प्राप्त करने के लिये 'भेड़िया, भेड़िया' चिल्लाते हैं, ये इस भिखारी-तकनीक से डॉलर तो ला सकते हैं, लेकिन हम निश्चित रूप से अपना आत्मसम्मान खोते जा रहे हैं और भारतीय रक्षा क़ानून के लागू होने से कोई भी सरकारी नीतियों की आलोचना नहीं कर सकता है क्योंकि इससे तत्काल गिरफ़्तारी हो सकती है। मुझे नहीं लगता कि हम अपने भविष्य की योजना बना रहे हैं, या इसके लिये काम कर रहे हैं, हर कोई वही करता है जो वो कर सकता है और आख़िरकार वो इसे खो देगा, अगर देश ख़ुद दिवालिया हो जाता है, तो आप ने जितना भी कमाया है, उसका कोई मूल्य नहीं है।

हमारे पास सब कुछ है, उर्वरक मिट्टी, सभी खनिज संसाधन, तेल, एक महान परम्परा है, परन्तु इच्छा-शक्ति, निर्माण करने का अभाव है—लोग अमीर हो रहे हैं, उद्योग बढ़ रहे हैं, बड़ी इमारतों का समूह, यह एक प्रकार का प्रस्फोट है, यह वसा है, इसमें ऊर्जा की खपत होती है, यह ऊर्जा प्रदान करने वाला नहीं है।

अब अन्य बातें, वकील अप्रैल में मेरी किताब छाप रहे हैं, रंगों के ब्लॉक बन रहे हैं, मेहता और नाथ के साथ चर्चा हुई, और मुझे ख़ुशी है कि उन्होंने मेरी किताब के प्रारूप को बदलने और पन्नों की मात्रा को बढ़ाने के मेरे सुझाव को स्वीकार कर लिया है। किताब का आकार अब छोटा हो गया है, दोगुने पन्नों के साथ, वह ज़िल्दबन्द है। अब, यह एक किताब की तरह दिखता है, पहले वो एक सूचीपत्र लगता था, और जब मेरा काम हो जाता है तो, वे तुम्हारी किताब का एक दूसरा संस्करण ला रहे हैं, उसी आकार में प्रतिकृतियों की मात्रा दोगुनी के साथ। यह और अच्छी तरह से ज़िल्दबन्द

है। 'फोर ओशन' इसका वितरण कर रहे हैं, जिसका मतलब है कि यह पुस्तक इंग्लैण्ड और अमेरिका जायेगी, मैं आशा करता हूँ कि फ्रांस में भी—निस्सन्देह भारत में सब कुछ देर से आता है!

मुझे सबसे अप्रिय आश्चर्य यह जानकर हुआ कि सूज़ा भारत भी आया था। वो बहुत ही बकवास करता है, पिकासो से ख़ुद की तुलना करता है—आर्टिस्ट एण्ड सेंटर रिसेप्शन में उसने कहा था कि उसका केवल एक ही प्रतिद्वन्द्वी है और वह है पिकासो, जो जल्द ही मर जायेगा, सूज़ा को विश्व चैंपियनशिप की विरासत सौंप कर! लन्दन में उसके बारे में एक किताब प्रकाशित है और वह इसके बारे में सब से चर्चा करता रहता है, जहाँ तक प्रिंटिंग का सवाल है यह एक अच्छी किताब है, लेकिन उसके काम की सभी कमज़ोरियों को भी उजागर करती है। असाधारण रूप से, उसके काम के एक निश्चित समयावधि में पेस्टिच तत्त्व (कृत्रिम चीज़) बहुत स्पष्ट हो जाता है। रुडी वॉन लेडेन जो कलाकार सहायता फण्ड रिसेप्शन में उपस्थित थे, उन्होंने उससे पूछा (मैं वहाँ नहीं था, मुझे रिपोर्ट मिली है) क्या वह पेरिस जाना जाता है? और इंग्लैण्ड में प्रतिष्ठा की क़ीमत क्या थी? तो सूज़ा इससे बहुत भड़क गया और यह कहते हुए निकल गया कि उसे ईकोल डू परीस की परवाह नहीं थी, रूडी उसके बाद वहाँ से चले गये। सूज़ा ने यह भी कहा कि उसने लन्दन में तीन घर ख़रीदे हैं, जैसे कि किसी को इसमें कोई दिलचस्पी है! मुझे ख़ुशी है कि बम्बई वासी काफ़ी खुले दिल के हैं और इन सब बातों से उनका कोई सरोकार नहीं रहता।

जॉर्ज बचर की अमेरिकी प्रदर्शनी के लिये प्रस्तावना बेहद मूर्खतापूर्ण थी-उसका इरादा केवल स्पष्ट ही नहीं है, जाहिरा तौर पर सूज़ा और अविनाश से प्रेरित भी है, जो उसके कन्धों के ऊपर से सब देख रहे थे जब जॉर्ज अपने टाइपराइटर पर वह मूर्खता कर रहा था, जॉर्ज असली मूर्ख है—मुझे उसे एक लात मारने का मन करता है, उसे एक किक देना, लेकिन मुझे पता है कि इससे वह केवल एक्स और वाई की बाँहों में और गहराई से जायेगा। शायद हमें उसके प्रति अपने दृष्टिकोण के बारे में फिर से सोचना चाहिए, लेकिन मुझे पाखण्ड से नफ़रत है, और मैं अभी भी उसे एक सुपर-किक दूँगा। हुसेन के साथ, मैं रेखा मेनन से मिला, और हमने एक पत्र एशिया फाउण्डेशन को भेजा है, यह कहने के लिये कि वे जॉर्ज बुचर के किसी भी प्रस्ताव का उपयोग न करें, मेरे पास उसका फ़िलहाल कोई

समाचार नहीं है, और यह भी पता नहीं है कि शो हुआ भी या नहीं।

पेरिस के सभी समाचार लिखना और भेजना। बॉम्बे के गीज़र्स तुमको अपना सलाम भेजते हैं और जानीन के लिये चुम्बन।

सस्नेह,

अकबर

बाल छाबड़ा का पत्र

१९ मार्च, १९६३

रज़ा, मेरे अभिन्न,

कितना समय हो गया—कितनी दूरी है हमारे बीच—वे लापता समय के कारण—स्थिर क्षणों का अचानक जीवित हो जाना जैसे कि उन क्षणों को पहले जिया ही नहीं—अप्रतिरहित कौमार्य-ताज़ा-स्निग्ध-प्रेम-रोमांचक-पराकाष्ठा पर-सजीव-निर्जीव-वांछित-अवांछित-योग्य-अयोग्य-, लेकिन स्मृति विफल नहीं हो सकती है, उलझा प्रेम सुलझ नहीं सकता तो ऐसा है और ऐसा ही रहेगा—इस समय मैं तुमको याद कर रहा हूँ और तुम्हारी और पोप्दी की कमी महसूस हो रही है और कुछ भी मायने नहीं रखता...

घटनाएँ होती हैं—लोग आते हैं—पोप्दी जाते हैं—व्यस्त समय-तनाव-भयानक आशंका-क्या हो सकता है ?—नहीं—सब कुछ स्थिर है—लोग—चीज़—एक चीज़—वह चीज़—दूसरी चीज़—सब चीज़—जीना चाहते हैं—मेरे रास्ते पर—सम्भवत: असम्भव है और इसलिए मैं पेंटिंग—फतांगिंग कर रहा हूँ।

सस्नेह

बाल

एस. एच. रज़ा का पत्र

पेरिस, ९ अक्टूबर, १९६३

मेरे प्रिय बाल,

ऐसा लगता है कि कश्मीर में कहीं पर किसी कवि ने लिखा है :

اگر فردوس بر روے زمیں است
ہمیں است و ہمیں است و ہمیں است -

गर फ़िरदौस बर-रूए जमीं अस्त...
हमी अस्तो, हमी अस्तो, हमी अस्त.. !!!

कोई आश्चर्य नहीं कि तुमने अपने ७th हेवन की उपेक्षा की। मेरे दो पत्र लैटर बॉक्स में पहले से ही प्रतीक्षा कर बासी हो रहे हैं।

हालाँकि, हमें तुम्हारा अच्छा पत्र मिला। आशा है कि तुम वापस आ गये हो और हमें आगे की ख़बर दोगे। यहाँ, पेरिस बीएन्नाले शुरू हो गया है। दोनों, अकबर और जानीन, यहाँ हैं। कुल मिलाकर, काफ़ी अच्छा काम है, हालाँकि बहुत कम उत्कृष्ट है। भारतीय अनुभाग बेहद घटिया है। चित्रों को यहाँ के छात्रों से अन्तिम समय में एकत्र किया गया था। अकबर फ्रेंच अनुभाग में है—भारतीय सेक्शन के लिये उसे नहीं बुलाया गया था।

हमें कृष्ण से और हाल ही में, रूडी से ख़बर मिली थी। राम से भी एक पत्र प्राप्त हुआ है। हम सब गृहासक्त हैं और हम हुसेन को देखने के लिये आतुर हैं, जो किसी भी दिन आ सकता है—या नहीं भी आ सकता है। किसी भी सूरत में, हम अपनी यात्रा की योजना नवम्बर १९६४ में बना रहे हैं।

हमारा एक मित्र—एक प्रसिद्ध फ्रेंच मूर्तिकार तुमसे मिल सकता है। कृपया उसे कुछ समय देना और उसे आस-पास की यात्रा करा देना।

काम कैसा है? लिखो और हमें बताओ कि वह कैसा चल रहा है। अकबर इस बार दुबारा गम्भीरता से वापस जाना चाहता है—दो साल के लिए। उसे इस वर्ष के अन्त तक भारत में होना चाहिए।

अच्छे मूड में हो जाओ और बहुत से विवरण के साथ एक सुन्दर, स्नेही पत्र लिखो।

हम दोनों की तरफ़ से तुम दोनों को प्यार।

रज़ा

Paris, 9th Oct. 1963 -

My dear Bal,

It seems that a poet somewhere in Kasmir wrote:

اگر فردوس بر روی زمین است

ہمیں است و ہمیں است و ہمیں است -

No wonder that you neglecting the 7th heaven. My two letters
must be stale already awaiting in the letter box.
However we got your good letter. Hope you are back & will
give us further your news. Here the Paris Biennale started. Both
Akbar & Janine are there. On the whole there is fairly good work
though very little outstanding. Indian section is awfully poor.
Paintings were collected at the last minute from students here.
Akbar is in the French section - was not asked for the Indian
section.

We had news from Krishen & more recently Rudi. There's a letter
from Ram. We are home sick & we shall look forward
to seeing Husain who could drop in any day - or may not
come at all. In any case we plan our trip November 1964.
A friend of ours - a well known French sculptor may look you
up. Please do spare him some time & show him around.

How is work. Do write & let's know how it goes. Akbar
wants to go back - seriously this time - for two years.
He should be in India before end of the year.

Get in a good mood & write a fine affectionate letter with
many many details.

Love to both from us both

RAZA

एस. एच. रज़ा का पत्र

पेरिस, २६ अप्रैल, १९६४

मेरे प्रिय बाल,

तुम्हारी तरफ़ से कई दिनों से कोई समाचार नहीं मिला। दोस्तों का कहना है कि तुम अच्छी तरह पेंटिंग कर रहे हो और हमें पूरी उम्मीद है कि जॉर्ज तुमको लन्दन की प्रदर्शनी में भाग लेने के लिये कहेगा। इसलिए हमें उम्मीद है कि हम सब को तुम्हें और तुम्हारी पत्नी को इस गर्मी में देखने का मौक़ा मिलेगा।

यहाँ सभी अच्छी तरह से हैं। हम अपना प्रेरणादायक जीवन, अपने सभी दुःख-दर्द और ख़ुशियों के साथ जी रहे हैं। वर्ष की बड़ी घटना यह है कि मैंने आख़िरकार काम करने के लिये एक स्टूडियो का अधिग्रहण किया, ४० वर्गमीटर पुराने १७वीं सदी के कॉन्वेंट में दो बड़ी खिड़कियों के साथ। इसे व्यवस्थित करने में व्यस्त रहा हूँ और मेरा मानना है कि यह बहुत ही आडम्बरहीन और सुन्दर होगा। यह अतीत में किसी पादरी का कमरा रहा होगा और आशा है कि मैं इसके उत्तराधिकार के योग्य साबित होऊँगा। यह केवल मेरा भविष्य का काम साबित कर सकता है।

सातवें स्वर्ग का क्या समाचार है? हम तुम्हारे अच्छे पत्र को पाने के लिये बेचैन हैं, और इसकी जानकारी लेने के लिये कि तुमने इतने महीनों में क्या-क्या किया है। क्या तुम्हारे पास अपनी पेंटिंग की कोई तस्वीरें हैं? मुझे लगता है कि तुम्हारा उत्तर लम्बे समय से प्रतीक्षित है। क्या कृष्ण ने तुम्हें हमारी पूरी ख़बर दी? मुझे आशा है कि तुमने मेरा काम पूरा कर

लिया है, जिससे मुझे काफ़ी राहत मिलेगी। हम स्टूडियो को फिक्स करने में व्यस्त हैं, यह हमें सबसे पहले करना है ताकि मैं फिर से पेंटिंग शुरू कर सकूँ।

तो यह पत्र सीमित है। मुझे आशा है कि यह तुमको लिखने के लिये प्रोत्साहित करेगा। हम तुम दोनों को अपनी शुभकामनाएँ और स्नेह भेजते हैं। हुसेन, गाय और राम को मेरा सलाम अगर वह वहाँ मौजूद हैं। मैं तुम्हारे पत्र का इतज़ार करूँगा।

सदा तुम्हारा,

रज़ा

१५, रुए पॉल बर्ट
पेरिस IIe

अकबर पदमसी का पत्र

पेरिस,११ जुलाई, १९६४

मेरे प्रिय रज़ा,

बीमा सत्यापन संलग्न कर रहा हूँ, तुम टिप्पणी करोगे कि यह तीन महीने के लिये वैध है, लेकिन मेरा आश्वासक-उत्तोलन तब तक उसका ठीक आकलन नहीं कर सकता जब तक कि उसे कम्पनी से सही राशि का पता न चल जाय। —जब सोलेंग सितम्बर में वापस पेरिस आयेगी तब उसे छह महीने के लिए नया सत्यापन मिलेगा और वह इसे तुम्हारे पास भेज देगी, इस बीच में यह पर्याप्त होगा।

मुझे आशा है कि तुम्हारा और जानीन का गोर्बियो में अच्छा समय बीता है, और अपनी थकान से पूरी तरह से उबरने के बाद अपने अटेल्यर (चित्रालय) को फिर से शुरू करने का प्रयास कर रहे होगे। मेरा स्टूडियो पोम्पिएर्स द्वारा पेंट किया गया है और शानदार लग रहा है, मुझे इसे अब छोड़ने में दुःख महसूस हो रहा है!

सोलेंग और मैं, रविवार बीस तारीख़ को रोम जा रहे हैं, और वहाँ से हम सत्ताईस को भारत के लिये प्रस्थान करेंगे। हम तुम्हें लिखते रहेंगे।

जानिन को शुभकामनाएँ,

अकबर

Paris
11 July '67

My dear Raza,

Am enclosing the Insurance attestation, you will remark that it is valid for 3 months, but my assurer-conseil couldn't do better till he came to know the exact sum from the Company — when Solange comes back to Paris in September she will get the new attestation of 6 months and send it on to you, in the meantime this will suffice.

I hope you and Janine had a nice time in Gorbio, and have recovered fully from your fatigue of redoing your atelier. My studio has been repainted by the pompiers and looks splendid, I feel sad to leave just when it's been redone! Solange + I are going to Rome on Sunday 20th. and from there I fly to India on the 27th. Will be writing to you,

All the best to Janine + yourself

Akbar

अकबर पदमसी का पत्र

बम्बई
१६ अगस्त, १९६४

मेरे प्रिय रज़ा,

अभी-अभी तुम्हारा पत्र पढ़ा—धन्यवाद। ऐसा लगता है कि मैंने जो सुना है, हालाँकि मैंने बुचर (वह मद्रास में है) से मुलाकात नहीं की है, कि यह शो विफल होगा। ऐसा लगता है कि उसने राष्ट्रमण्डल प्रदर्शनी के लिये पणिक्कर, स्वामीनाथन आदि से उनकी सबसे घटिया कलाकृतियों का चयन कर उन्हें ख़रीदा है। चुनिन्दा चित्रकारों की पाँच कलाकृतियों का चयन होने की सभी बातें अब एक दूरदराज की सम्भावना है, उसे अपना काम करने दो, वह बेहद ज़िद्दी है, किसी की भी नहीं सुनेगा, यद्यपि मैं उससे मिलना चाहता हूँ। एक बार फिर से बाल, गाय, कृष्ण से जो कुछ भी मैंने सुना है, उसने सब कुछ गड़बड़ कर दिया है, यहाँ तक कि अपना बजट भी, उसका, भारत से कलाकृतियों को ख़रीदकर और लन्दन में शानदार दरों पर बेचने का कुछ विचार है। ख़ैर, कोई इन्सान नहीं बदल सकता है, और जहाँ तक मेरा सवाल है, मैं उसे अपनी पेंटिंग देकर सहयोग करूँगा, लेकिन प्रदर्शनी से किसी भी सार्थक उम्मीद के बिना।

बॉम्बे कला-जीवन का अपकर्ष हो रहा है, मुख्य रूप से चित्रकारों द्वारा दिलचस्पी नहीं दिखाने के कारण, बॉम्बे आर्ट सोसाइटी का कोई दलाल, एक कांग्रेसी भक्त द्वारा घेर लिया गया है, जोकि कांग्रेस बैठकों और शादियों के लिये मासिक दर से जहाँगीर आर्ट गैलरी का हॉल किराये पर देता है, कभी-कभी कला-प्रदर्शनियों के लिये भी, लेकिन वातावरण में

बैनर, पोस्टर, प्लैकार्ड, हर जगह चिपके रहने से एक सस्ती बाज़ारीकरण की बू आती है।

सबसे दुखद समाचारों में से मैंने सुना है कि, शंकर जो एक कलाकार था और जहाँगीर आर्ट गैलरी में एक चपरासी के रूप में काम किया करता था, उसने आत्महत्या कर ली। दलाल और बाटलीवाला (जिनका एक धोखेबाज और बास्टर्ड के रूप में पतन हो चुका है) ने उसे ऊपर के कमरे में पेंट करने की इज़ाज़त देने से इनकार कर दिया, जिसे वो अपने स्टूडियो के रूप में इस्तेमाल किया करता था। इसके अलावा मुझे बताया गया है कि बाटलीवाला विशेष रूप से उसे परेशान किया करता था, क्योंकि वो श्री ओक का आदमी था, अर्थात् श्री ओक ने पहले कभी उसका समर्थन किया था—उसने ज़हर पी लिया, हालाँकि, बाटलीवाला का दावा है कि उसकी मौत अवैध शराब पीने से हुई है, वैसे बाटलीवाला ने एक भावुक भाषण दिया और अपने परिवार के लिये कुछ धन एकत्र किया, मैं हैरान हूँ कि मैंने इस कहानी को केकू गांधी से सुना, क्योंकि कलाकारों में से किसी ने भी मेरे बारे में उससे बात नहीं की, और जब मैंने उनसे सवाल किया, तो उन्होंने अस्पष्ट रूप से उत्तर दिया कि ऐसी कुछ बात तो थी। बहरहाल, सात सितम्बर को मैं अतिथि कलाकार के रूप में कलाकार सहायता निधि के लिये आमन्त्रित हूँ, और वहाँ मेरा अपनी अप्रसन्नता को व्यक्त करने का इरादा है। यहाँ समस्या मुख्य रूप से कृत्रिम नहीं है, आत्मा भी प्रभावित हुई है। राजनैतिक रूप से सभी छलावरण विधियाँ प्रचलित हैं, इस समस्या को न देखने और न समझने के लिए, मनोबल की इतनी कमी है कि अगर चीन ने फिर से हमला किया, तो उनके लिये भारत एक खुला शहर होगा।

यह केवल इस विशाल बर्बरता की दरारों में है, कि हरियाली है, और समृद्ध कुकुरमुत्तों का इस उदासी में भी स्फुटन हो रहा है, काले बाज़ार के बड़े कैडिलैक कराहते हुए शोर मचाती उच्शृंखल भीड़ से अपना रास्ता बनाता है, और शान्त पगड़ी वाले सिर इस चमचमाते बेदाग़ धातु के दानव से बाहर देखते हैं। हाँ, हाँ, हर दिन प्रदर्शन होते हैं, इस्पात हेलमेट के साथ पुलिस को फ्लोरा-फव्वारा और संग्रहालय के बीच तैनात किया जाता है, लेकिन प्रदर्शनकारी एक हड़ताली स्कूली लड़कों की तरह हैं, उनकी अशक्त, आशंकित आवाज़ नेताओं के नारे दोहराती हैं, 'धीमी गति हड़ताल'

के कारण बैंक के कार्य बाधित हो रहे हैं, वैसे ही हम धीमे चलते हैं और धीमी गति में, और धीमी गति से चलने का मतलब है पूर्णत: रुक जाना।

मेरी किताब का कार्य प्रगति पर है, और शामलाल ने पाठ भाग सौंप दिया है, बस अब प्रेस में जाने के लिये तैयार है। मैं बाईस सितम्बर को केमॉल्ड में अपने चित्रों और गोवाशे (पेंटिंग का एक तरीक़ा) का शो कर रहा हूँ। केकू ने कोतुरिए (Couturier) वाले शो को सँभालने का आश्वासन दिया है, लेकिन मैं कोतुरिएर को लिखने से पहले उनके अनुबन्ध का इन्तज़ार कर रहा हूँ; इसमें एक हफ़्ते से अधिक समय लगेगा, लेकिन मैं इसके लिये प्रतीक्षा करूँगा और लिखित अनुबन्ध में भेजूँगा जोकि न्यूनतम ख़रीद ६००० / की गारण्टी देता है। मैंने तुम्हारे सन्देश को कृष्ण तक पहुँचा दिया है। जिस विषय पर हमने चर्चा की थी वो अब बिलकुल ठीक है।

गाय अक्टूबर में आ रहा है, और तुम्हें उसको लूवर नहीं ले जाना चाहिए! गर्म दूध के गिलास के लिए!

तुम्हें और जानीन को शुभकामनाएँ, लिखो जब तुम्हारे पास समय हो।

अकबर

बाल ने बहुत अच्छे काम किये हैं।

V.S. Gaitonde.
89 Bhulabhai Desai Rd.
Bombay 26.
3rd Nov. 64.

My dear Raza.

Sorry, I did not reply your letter earlier as I was not sure. I will see you in paris on my way to New York as I have received the Rockefeller fellowship to stay one year in U.S. Most probably I will leave India round about 14th or 15th of this month, the date is not yet fixed.

Akbar will leave earlier, so you will get the news from him.

I will be in paris for two or three days, and then to London ~~or~~ for a day or two and then to New York.

See you in Paris.

Gai

वासुदेव गायतोण्डे का पत्र

व.स. गायतोण्डे
८९, भूलाभाई देसाई रोड
बम्बई–२६
३ नवम्बर, १९६४

मेरे प्रिय रज़ा,

क्षमा करना, मैंने तुम्हारे पत्र का जवाब नहीं दिया क्योंकि मैं आश्वस्त नहीं था। मैं तुमसे न्यूयॉर्क जाते हुए पेरिस में मिलूँगा, क्योंकि मैंने अमेरिका में एक साल रहने के लिये रॉकफेलर फ़ेलोशिप प्राप्त की है। शायद मैं इस महीने १४ या १५ तारीख़ को भारत छोड़ दूँगा। तिथि अभी तय नहीं हुई है।

अकबर पहले ही चला जायेगा, इसलिए तुम उससे समाचार ले लेना।

मैं पेरिस में दो या तीन दिन और फिर एक या दो दिन के लिये लन्दन में रहूँगा और फिर न्यूयॉर्क के लिये लन्दन से रवाना हो जाऊँगा।

पेरिस में मिलते हैं।

गाय

अकबर पदमसी का पत्र

न्यूयॉर्क
१० नवम्बर, १९६५

मेरे प्रिय रज़ा,

अब तक तुम पेरिस वापस आ गये होगे। मुझे पता है कि मुझे लिखना चाहिए था लेकिन समय इतनी तेज़ी से निकल जाता है, मुझे पता ही नहीं चला कि मुझे यहाँ आये चार महीने हो गये। मुझे न्यूयार्क बेहद पसन्द है, यह एक मर्दाना शहर है, फूला हुआ, लम्बा, और जोशपूर्ण, बहुत कुछ पेरिस के विपरीत जोकि एक छोटा सा रत्न है, इसके अलावा अमरीकियों के पास एक दोस्ताना मिज़ाज भी है जोकि फ्रांसीसी उदासीनता से एक सुखद बदलाव है। मैं विभिन्न मण्डलियों, छात्रों, चित्रकारों जैसे कई लोगों से मिल रहा हूँ, ग्राफिक स्टूडियो के माध्यम से जहाँ मैंने नक़्क़ाशी की थी और जहाँ मैं चित्रकारों के एक पूरे समूह से मिला था, और फिर ऐब ने मुझे नॉर्मन और फ्लॉर्स लिंडे से मिलवाया, जिसे तुम भी जानते हो, और जो सबसे आकर्षक हैं, मैं उनके साथ न्यूयॉर्क के 'फ़ैशनेबुल' रेस्तराँ में भी जा रहा हूँ। जब मैं आया तो कृष्ण यहाँ एक सप्ताह के लिये था, उसके पास दोस्तों का एक दिलचस्प ग्रुप था, उसमें एक एमिल दुहुसल भी था, जो मेरा बहुत अच्छा दोस्त बन गया।

मैं पेंटिंग और लोगों से मिलने के बीच अपना समय बिता रहा हूँ, मेरे रहने और काम करने के लिये यह बहुत अच्छी जगह है, पोर्टर मैक्रे ने मुझे लिंकन टॉवर्स में २२वीं मंज़िल पर एक स्टूडियो अपार्टमेंट किराये पर दिया है, जोकि हडसन नदी की तरफ़ खुलता है। यह वास्तव में रहने के

लिये एक ख़ूबसूरत जगह है, मौसम चाहे जैसा भी हो, धूप या बारिश, हमेशा उल्लसित नदी पर जहाज़ों के आवागमन को देखते हुए, मैं हमेशा समुद्र से प्यार करता था और मेरे दिमाग़ में यह किसी तरह से न्यूयॉर्क को मुम्बई में जोड़ता है, हवा में नमक का यह अनुभव। मुझे आशा है कि तुम्हारे यहाँ सब कुछ ठीक है, क्या तुम्हारे स्वास्थ्य की समस्या का सफलतापूर्वक हल हो गया है? असल में यह तुमको जीवित रहने के लिये एक नयी लय अपनाने, और पेंटिंग जारी रखने को बाध्य करेगा और तुमको एक अधिक बौद्धिक और कम भावनात्मक दृष्टिकोण की तरफ़ प्रेरित करेगा, जो तुम्हारी चित्रकला को एक नया आयाम देगा। जानीन को मेरा प्यार, मुझे यक़ीन है कि वो हमेशा की तरह अच्छा काम कर रही है, और हाँ, लिखना ज़रूर। वैसे, मेरी किताब प्रकाशित हो गयी है, वकील ने मुझे सिर्फ़ एक प्रतिलिपि एयर मेल से भेजी है। शुभकामनाएँ।

अकबर

एस. एच. रज़ा का पत्र

पेरिस, ११ दिसम्बर, १९६५

मेरे प्रिय बाल,

वर्ष भर हम तुमको वास्तविक स्नेह के साथ याद करते रहे हैं। कुछ दोस्तों से हमें ढेर सारी ख़बर मिलती रही और शायद तुम कल्पना नहीं कर सकते हो कि हमने कितनी बार तुम्हारी चर्चा की। हाल ही में केकू यहाँ आया था। वह हमारे साथ रहा और हम लगभग निरन्तर अपने आम मित्रों के बारे में बातें करते रहे। मुझे यह जानकर प्रसन्नता हो रही है कि उसने भी तुमको बहुत अच्छे से समझा और सराहा है।

वह यात्रा कर रहा था और ऐसा लगता है कि लन्दन से भारतीय चित्रों की प्रदर्शनी जर्मनी और बेल्जियम तक लाने की गम्भीर सम्भावनाएँ हैं। जब वह पेरिस में था, हमने फ्रांस में कुछ शो करने की सम्भावना का पता लगाया। स्वाभाविक रूप से इस बार हम इस मामले को आधिकारिक तौर पर ले रहे हैं। हम भारतीय राजदूत और श्री पुष्प दास से मिले और वे सभी उत्साही लग रहे थे। हालाँकि, इतने कम समय में प्रदर्शनी हॉल को बुक करना बहुत मुश्किल काम है। लेकिन यह कोशिश करने के लायक है।

केकू ने हमें बताया कि कैसे घटनाएँ आगे बढ़ीं और तुम और अन्य कलाकार जॉर्ज की समस्याओं को हल करने और उसकी मदद करने के लिये एकजुट हो गये थे। अ ला कार्टे, मैं चाहता था कि तुम यहाँ आओ और हम तुम्हारा बयाँ सुने।

कैटलॉग पर, तुम्हारी पेंटिंग और एक अन्य उल्लेखनीय तैयब की पेंटिंग

देखकर मुझे सुखद आश्चर्य हुआ। वास्तव में हम सब ख़ुश थे। चीज़ें आगे बढ़ रही हैं। बाक़ी प्रतिकृतियों ने मुझे निराश किया, लेकिन दो पर्याप्त हैं और सूची का विन्यास उत्कृष्ट है।

हमने कल तुमको एक कार्ड भेजा है। दोपहर में केकू यहाँ से चला गया और १० जनवरी को फिर से वापस आ जायेगा। हमारी बात अभी भी मेरे दिमाग़ में है और काम करने से पहले, मैं तुमको लिखना चाहता हूँ। मैं तुमको कुछ चीज़ों की जानकारी देना चाहता हूँ और यदि तुम फिर से लिखोगे तो मुझे ख़ुशी होगी।

सबसे पहले, हम इस सर्दी में भारत नहीं आ रहे हैं। हर बार जब मैं इसके बारे में सोचता हूँ तब मेरा दिल टूट जाता है। मैं आने के लिये बहुत इच्छुक था और जानीन भी। सब ठीक था। लेकिन हमें इसे रद्द करने का निर्णय लेना पड़ा क्योंकि मेरी दाहिनी आँख में बहुत गम्भीर समस्या थी।

मैं इस मामले में सावधान रहा हूँ, लेकिन मैं तुमको सटीक विवरण दूँगा। पिछले छह महीनों से, मेरी दाहिनी आँख में काफ़ी तनाव है। वे इसे हाइपरटोनियल ओकुलाएर कहते हैं, ग्लोकोम का प्रारम्भिक चरण। मेरी दृष्टि उत्तम है, और कोई सिरदर्द भी नहीं है केवल समय-समय पर एक तरह की धुन्ध छा जाती है और मुझे नहीं पता लेकिन किसी रहस्यमय कारण से वह, एक या दो दिनों के लिये रहती है और फिर ग़ायब हो जाती है। मुझे सबसे अच्छी चिकित्सा सलाह मिल रही है जो यहाँ सम्भव है और तीन महत्त्वपूर्ण नेत्र रोग विशेषज्ञों ने अपनी राय दी है। वर्तमान में पिलोकारपिन बूँदों और अन्य गोलियों के साथ इसका इलाज चल रहा है। यदि इनका कोई प्रभाव नहीं पड़ता है, तो एक मामूली ऑपरेशन आवश्यक होगा। हम धीरे-धीरे और व्यवस्थित रूप से आगे बढ़ रहे हैं। मुझे शान्त होने और यथासम्भव कुछ समय के लिये अपनी गतिविधियों को कम से कम रखने की सलाह दी जाती है। यह वास्तव में बड़ी समस्या है क्योंकि एक बेचैन आदमी कभी भी आराम नहीं कर सकता है। मेरी सारी ज़िन्दगी भागम-भाग में बीती और एक थोपी हुई निश्चलता बहुत असहज लगती है। लेकिन ठीक है कि मुझे इसे अनिवार्य आवश्यकता के रूप में स्वीकार करना होगा—कम से कम थोड़ी देर तक—लय परिवर्तन होने तक।

तुमने देखा कि मेरी योजनाएँ बदलने के पीछे बहुत गम्भीर कारण हैं।

चीज़ों के बेहतर पक्ष को देखते हुए, मुझे मई '६६ के लिये निर्धारित पेरिस प्रदर्शनी की तैयारी करने के लिये अधिक समय मिलेगा। इसके अलावा अगली सर्दियों में उम्मीद है कि अकबर और गाय बॉम्बे में होंगे। मुझे उनकी उस समय बहुत कमी महसूस होगी।

बाक़ी सब ठीक है। हमारा काम अच्छी तरह से चल रहा है और उसकी बेहतर स्वीकृति है। हम दोनों की पेंटिंग फिर से आधुनिक कला संग्रहालय द्वारा अधिगृहीत कर ली गयी हैं—दो जानीन की और इस साल की दो मेरी। कई परियोजनाएँ ध्यान में हैं, लेकिन हमने अतिश्रम किया है। जानीन इस गर्मी से बहुत थक गयी है—यहाँ तक कि हमने दक्षिण फ्रांस के अपने गाँव में ढाई महीने बिताये।

संक्षेप में यह हमारी ख़बर है। मुझे उम्मीद है कि यह पत्र तुमको लिखने के लिये प्रेरित करेगा। क्या तुम्हारी इस सर्दी में यूरोप आने की योजना है? तुमको अपनी पत्नी के साथ आना चाहिए ताकि दोनों यात्रा का आनन्द ले सको। और तुमको इस बार एक प्रदर्शनी की भी कोशिश करनी चाहिए।

जानीन और मेरी तरफ़ से ढेर सारा प्यार।

रज़ा

उल्लासपूर्ण क्रिसमस, नया साल मुबारक हो—जानीन

राम कुमार का पत्र

५ जनवरी, १९६७

प्रिय रज़ा और जानीन,

बॉम्बे से तुम्हारे पत्र को प्राप्त करके मैं बहुत ख़ुश हुआ। घर वापसी पर तुम्हारा स्वागत है और मैं आशा करता हूँ, भविष्य में भी तुम्हारा इस देश में आना होता रहेगा। मैं बहुत दुखी था क्योंकि तुमने भारत की अपनी यात्रा के बारे में कोई शब्द नहीं लिखा था, हालाँकि मैं तुम्हारी योजनाओं के बारे में विभिन्न स्रोतों से सुन रहा था। बहरहाल, इस पोस्टकार्ड ने मेरा सारा क्रोध शान्त कर दिया है।

यह सोचना कष्टदायक है कि तुम यहाँ भारत में हो लेकिन मुझे तुमसे मिलने के लिये एक महीने से भी ज़्यादा समय तक इन्तज़ार करना होगा। मैं कुछ दिनों के लिये बॉम्बे आ सकता था लेकिन मेरा शो अट्ठाईस जनवरी को होना तय है। हालाँकि शो करने में मेरा योगदान कुछ भी नहीं है लेकिन मेरा यहाँ गैलरी में रहना अच्छा होगा क्योंकि निमन्त्रण, कैटलॉग इत्यादि के बारे में गैलरी का विश्वसनीय होना सन्देहास्पद है। मैं चाहता था कि तुम मेरे शो के दौरान यहाँ पर रहते, परन्तु जैसा कि तुम्हारा रवैया ऐसे मामलों में सख़्त और भावहीन रहा है, तुमसे मुझे उम्मीद नहीं है कि तुम इस तरह के एक छोटे से शो के लिये अपना कार्यक्रम बदल दो। तैयब उनतीस जनवरी को दिल्ली से रवाना होगा और यू.एस.ए. में जाने से पहले एक सप्ताह के लिये बॉम्बे में होगा।

आठ साल बाद बॉम्बे आने पर तुम काफ़ी उत्साहित होगे। जानीन की

प्रतिक्रियाएँ कैसी हैं? मुझे उसकी पहली प्रतिक्रियाओं को जानना अच्छा लगेगा। मैं भारत में तुम्हारे सम्भावित कार्यक्रम को जानना चाहूँगा। कितने समय तक हो—दिल्ली कब आ रहे हो,—कोई शो? इत्यादि।

बाल को बताना कि मैं उसकी लम्बी चुप्पी से वास्तव में नाराज़ हूँ।

बॉम्बे की तुलना में, दिल्ली में बहुत ही शान्त जीवन है—शायद यह मेरे लिये होगा। कृष्ण कलकत्ता जा चुका है।

तुमसे सुनने की उम्मीद में। तुम दोनों को प्यार।

सदैव तुम्हारा,

राम

बाल छाबड़ा का पत्र

१८ दिसम्बर, १९६७
बम्बई

मेरे प्रिय रज़ा और जानीन,

मुझे अन्ततः तुम्हारा पत्र प्राप्त हुआ, मैं बहुत ख़ुश हूँ, और जो पुष्टि करता है कि तुम यहाँ आ रहे हो। सुबह जल्दी आने की चिन्ता मत करो, मुझे सत्ताइस की सुबह हवाई अड्डे पर तुम दोनों से मिलने में बहुत ख़ुशी होगी। यदा-कदा, एक बार सूर्योदय देखना अच्छा है—यह एक दोगुने प्रकाश के साथ होगा! मेरे केबल के बाद तुम्हारा बहुमूल्य पत्र मुझे मिला है और मुझे लगता है इस वर्तमान पत्र से तुम्हारे आने की निश्चित तिथि के पुष्टिकरण के लिये कुछ पंक्तियाँ लिखने को मेरा भी मूड हो गया।

मुझे याद है कि पिछली बार मैंने जानीन के परिवार के साथ क्रिसमस बिताया था। उस ज़बरदस्त नये साल की पूर्व सन्ध्या पर (जिसने मुझे दिवालिया बना दिया था!!) वह एक अद्‌भुत अनुभव था! और अब यह तुम्हारे लिये एक अलग प्रकार का रोमांच होना चाहिए, कि तुम दोनों और हमारे सभी गीज़र्स यहाँ बम्बई में सरसठ के नये साल की पूर्व संध्या पर एक साथ होंगे।

अकबर यहाँ है और महीने के अन्त में दिल्ली जाने की योजना बनायी है। मैंने अभी उससे मुलाकात की और मैंने उससे अपनी दिल्ली यात्रा को स्थगित करने के लिये कहा, जिससे वह ख़ुशी से सहमत हो गया। गाय और हुसेन भी यहाँ हैं। तैयब, राम और कृष्ण दिल्ली में हैं और कृष्ण रेड्डी और उनकी पत्नी भी वहाँ चले गये हैं। दरअसल, यदि तुम दोनों यहाँ आने

के बाद यदि दिल्ली जाने के मूड में हो, तो गाय, हुसेन और अकबर को भी राजी करना मुश्किल नहीं होना चाहिए, फिर हम सब दिल्ली जा सकते हैं और वहाँ अ ला कार्टे कलाकार गीज़र्स की पूर्व संध्या आयोजित कर सकते हैं। अन्यथा, हम बॉम्बे में फतांग करेंगे!

मैं इन दिनों एक बड़े कैनवस पर काम कर रहा हूँ और आशा करता हूँ कि यह तुम्हारे आने तक पूरा हो जायेगा, ताकि मैं तुमको कुछ नया दिखा सकूँ! ऐसा लगता है कि अभी तक काम ठीक चल रहा है। कभी-कभी मैं चाहता हूँ कि मैं तुम्हारे और हुसेन की तरह तेज़ी से पेंटिंग ख़त्म कर सकूँ, लेकिन फिर मुझे लगता है कि मैं कभी-कभी चुपचाप काम करने का आनन्द लेता हूँ, बिना मैडम लारा विंसी और समय द्वारा परेशान हुए! ख़ैर, फिर से मिलने का मज़ा ही कुछ और है! वैसे यहाँ एक अच्छा विदेशी कैनवस मिलना बहुत कठिन है और बहुत महँगा है। क्यों नहीं तुम अपने साथ एक या दो रोल (७२" आकार) ले आते हो, चूँकि तुम दोनों कलाकार हो, तुम्हें अतिरिक्त भार को छोड़कर कोई अन्य परेशानी नहीं होनी चाहिए—यह बहुत महत्त्वपूर्ण नहीं है, यदि तुम आसानी से इसका प्रबन्ध कर सको। और जब तुम यहाँ काम करने की योजना बना रहे हो और कुछ शो भी कर रहे हो, तो मुझे लगता है कि तुम कुछ कैनवस ला सकते हो और जो बच जाये, उसका उपयोग मैं करूँगा।

इतने सारे संवादों के बारे में सोच कर मैं तुम्हारी इस यात्रा के दौरान कुछ अद्‌भुत और शानदार शामों की प्रतीक्षा कर रहा हूँ, मैं यहाँ रुकता हूँ और देखूँगा कि २७ दिसम्बर की सुबह कितनी जल्दी आती है जब हम फिर से मिलेंगे। तुम्हें जानीन और उसके माता-पिता को क्रिसमस की बहुत सारी शुभकामनाएँ और और लारा विंसी के लिये भी।

तुम्हारा अपना

बाल

तैयब मेहता का पत्र

६ जनवरी, १९६८

मेरे प्रिय रज़ा,

वास्तव में, तुमसे कार्ड प्राप्त करना बहुत अच्छा लगा और वह भी बॉम्बे से। सकीना और मैं तुम दोनों से मिलने और लम्बा समय एक साथ बिताने के लिये बहुत उत्सुक हैं, ताकि हम एक–दूसरे को और अच्छे से जान सकें। मुझे याद है पिछली बार जब तुम बॉम्बे में थे, शायद मैं लन्दन के लिये रवाना हो गया था। मैं और सकीना पेरिस में तुम्हारे घर में बिताये समय के बारे में भी अक्सर सोचा करते हैं और अब तक मुझे 'तुम दोनों को धन्यवाद' कहने का एहसास नहीं हुआ है। यह मेरा दुर्भाग्य है कि मैं अपने हाल के काम तुमको नहीं दिखा सकता।

फिर भी मैं नयी दिल्ली इकतीस को छोड़ने की योजना बना रहा हूँ और बम्बई में आठ दिन बिताऊँगा, यानी हम ८ फ़रवरी को प्रस्थान करेंगे। मेरा सुझाव है कि तुम दिल्ली जाने की अपनी योजना को तब तक के लिये स्थगित कर दो।

जानीन और तुमको बधाई और ढेर सारा प्यार।

तैयब

३९ बाल छाबड़ा का पत्र

बाल छाबड़ा का पत्र

सन्तोष
C–५४, जंगपुरा एक्सटेंशन
नयी दिल्ली
१७ अप्रैल, १९६८

प्रिय रज़ा,

अब तक, तुम्हारी श्रीमती की प्रदर्शनी ख़त्म हो गयी होगी। मैंने हेब्बार और अंबेरकर के माध्यम से सुना कि यह एक अच्छा प्रदर्शन था।

तुम्हारी ख़ुद की प्रदर्शनी अभी जारी होनी चाहिए। एक शानदार सफलता की शुभकामनाएँ। इससे पहले केकू ने फ़ैसला किया था कि तुम्हारा शो दिल्ली में भी आयोजित किया जायेगा। उस प्रस्ताव का क्या हुआ? तुमको दिल्ली के लोगों को भी अपने नवीनतम काम को देखने का मौक़ा देना चाहिए था।

मैं मई के पहले सप्ताह में कश्मीर जाने की योजना बना रहा हूँ। दिल्ली में गर्मी दिन दूनी रात चौगुनी बढ़ती जा रही है। पहाड़ के आदमी के लिये यह गर्मी असहनीय है। मुझे नहीं पता है कि मेरे जाने से पहले हम एक-दूसरे से मिलने में सक्षम होंगे या नहीं। हो सकता है पेरिस में हम कभी मिलें।

यह बेहद शर्मनाक है कि हमारी नेशनल गैलरी ने तुम्हारे कार्यों का अधिग्रहण नहीं किया है। इन दिनों चित्रकार या उनकी चित्रकला बिल्कुल महत्त्वपूर्ण नहीं है। राजनीति, पक्षपात, मेहरबानी जैसी चीज़ें महत्त्वपूर्ण हो गयी हैं और हमारी संस्कृति के प्रचार के व्यक्तित्व का हिस्सा बन गयी हैं।

तुमने कृष्ण की ख़बर सुन ली होगी। पार्लियामेंट में सवाल किये गये थे; पी.एम. ने सार्वजनिक रूप से आयुक्त की भूमिका की निन्दा की; पुरस्कार समारोह के शो में उनकी भागीदारी के बारे में।

इस साल हम श्रीनगर में कलाकार शिविर का आयोजन कर रहे हैं। मैं चाहता हूँ कि तुम गर्मियों तक भारत में रहो। यह हमारे लिये कश्मीर में होने वाला एक शानदार कार्यक्रम होगा। मुझे पता है कि तुम अब वापस जाने के लिये पैक कर रहे होगे शायद किसी और समय। कृपया मुझे अपने पेरिस पते के साथ एक पत्र लिखना। अपनी श्रीमती को मेरी शुभकामनाएँ देना और मेरी श्रीमती तुम दोनों को अपनी शुभकामनाएँ भेज रही हैं।

आपका अपना,

बाल

वाल्टर लंघमार का पत्र

६० मिलवे
लन्दन NW 7 3RA
१५ नवम्बर, १९७५

मेरे प्रिय रज़ा,

आज मुझे तुम्हारी साओ रेमो प्रदर्शनी की सूची के साथ ११ नवम्बर का तुम्हारा पत्र मिला। कैट्टी और मुझे ख़ुशी है कि तुम्हारी कला तथा जीवन दोनों सन्तोषजनक रूप से प्रगति कर रहे हैं।

मैं अपनी उम्र के हिसाब से बेहद स्वस्थ हूँ (मैं कुछ महीनों में ७१ का होऊँगा)।

कैट्टी का जून में एक स्तन का ऑपरेशन किया गया जिसके कारण हम बहुत चिन्ता में थे। सौभाग्य से, यह कैंसर नहीं था, जैसा कि हमें डर था। उसके बायें पैर और कूल्हे में कष्टदायक गठिया लाइलाज है और वह इतने अधिक कष्ट को भी बहादुरी से झेल जाती है।

मैं शारीरिक रूप से ठीक-ठाक हूँ, लेकिन एक स्वतन्त्र रूप से काम करने वाले कलाकार के रूप में रह रहा हूँ, हालाँकि इंग्लैण्ड में भयावह मुद्रास्फीति का संकट निराशाजनक है।

कैट्टी और मैंने इस गर्मी में एक सुखद दिन ऑस्ट्रिया में रूडी के साथ बिताया, वह अब सेवानिवृत्त हैं और वियना के बाहर अपने नये फ़्लैट में ख़ुशी से रह रहे हैं।

केकू ने मुझे बॉम्बे में कुछ हफ़्तों के लिये पोर्ट्रेट्स को पेंट करने के लिये

60 Millway
London NW7 3RA 15. November 1975

My dear Raza,

Today I received your letter of 11. November together with the catalogue of your San Remo exhibition. Kathe and I are delighted that your life and art are progressing so satisfactorily.

We are tolerably well for our age (I shall be 71 in a few months).

Kathe had a breast operation in June which caused us great anxiety. Luckily it was not cancer as we had feared. Her painful arthritis in the left leg and hips is incurable and she bears it bravely when she has bad days.

I am physically reasonably well but living as a free-lance artist through the appalling inflation crisis in England is rather depressing.

Kathe and I spent a pleasant day with Rudi in Austria this summer. He is now retired and lives happily in his new flat outside Vienna.

Kekoo invited me to paint portraits for some weeks this winter in Bombay but I had to decline because of the stringent foreign exchange regulations of the Government of India. English citizens for instance have to pay return fares here in Sterling and are not allowed to recover a penny on return to London.

Kathe and I hope that you and your wife have a nice time in India and we heartily wish you great success with your exhibitions.

With fond regards also from Kathe

Yours affectionately

Walter Langhammer

आमन्त्रित किया लेकिन मुझे भारत सरकार के कड़े विदेशी मुद्रा नियमों के कारण इनकार करना पड़ा। उदाहरण के लिये, अँग्रेज़ी नागरिकों को स्टर्लिंग में वापसी के किराये का भुगतान करना पड़ता है और लन्दन लौटने पर एक पैसा भी वसूल करने की अनुमति नहीं है।

कैट्टी और मैं आशा करते हैं कि तुम्हारा और तुम्हारी पत्नी का भारत में बहुत अच्छा समय बीतेगा और हम तुमको और तुम्हारी प्रदर्शनियों की शानदार सफलता की शुभकामनाएँ देते हैं।

कैट्टी की तरफ़ से भी स्नेह।

सस्नेह तुम्हारा

वाल्टर लंघमार

राम कुमार का पत्र

२३ फ़रवरी, १९७६

प्रिय रज़ा,

मैं अपनी बम्बई वापसी के बाद से तुमको लिखने की सोच रहा था, लेकिन एक पत्र लिखकर अपने आप को व्यक्त करना मुझे एक तुच्छ विकल्प लगा, इसलिए मुझे संचार की इस विधि का इस्तेमाल करने की इच्छा नहीं हुई।

मैं बहुत ख़ुश हूँ कि बम्बई में जानीन और तुम्हारे साथ हम दो या तीन शाम बिता सके, अन्यथा हम एक बार मिलते हैं और फिर बिना कुछ आदान-प्रदान किये जुदा भी हो जाते हैं।

तुम्हारी कुछ पेंटिंग्स को देखकर मुझे बहुत ख़ुशी हुई और एक नये तरह का अनुभव भी हुआ है। तुमने कुछ और भी किया होगा। क्या तुमने दिल्ली में शो न लाने का फ़ैसला किया है? मुझे यक़ीन है, बॉम्बे इस शो के लिये बहुत उत्साह से प्रतिक्रिया करेगा।

तुम दिल्ली आने की योजना कब बना रहे हो? सूचित करना।

यदि सम्भव हो तो कृपया मुझे अपने कैटलॉग की एक कॉपी भेजो।

तैयब ने मुझे तुम्हारे सभी समाचार दिये। तुम दोनों को धन्यवाद और प्यार।

तुम्हारा अपना

राम

रुडोल्फ वॉन लेडेन का पत्र

२.६.७८

मेरे प्रिय जानीन और रज़ा,

मैं सोच रहा हूँ कि क्या तुम १५ सितम्बर के बाद गोर्बियो में होंगे या नहीं। मुझे १५ सितम्बर के आसपास अपनी भारतीय खेल कार्ड प्रदर्शनी के उद्‌घाटन के लिये ज्यूरिख़ जाना है, और तुमसे मिलते हुए मैं पेरिस जाने की सोच रहा हूँ। मुझे जल्द ही बताना कि तुम्हारा क्या कार्यक्रम है? मुझे उम्मीद है कि तुम नॉर्वे में नहीं होगे। मैं दिसम्बर से मार्च तक तीन महीने के लिये भारत में था और दो महीने के लिये नवम्बर में फिर से जाना होगा। काफ़ी यात्रायें की, कुछ पुराने दोस्तों से मिला, और ज़बरदस्त आतिथ्य के साथ मेरा स्वागत हुआ। अब मुझे मुम्बई के चालीसवें और पचासवें दशक पर एक किताब तैयार करनी है और तुम्हें मेरी मदद सही तारीख़ों को पाने में करनी चाहिए। जल्द ही अपनी ख़बर देना। दोनों को प्यार।

रूडी

रुडोल्फ वॉन लेडेन का पत्र

२२-८-१९७८

मेरे प्रिय रज़ा,

मैं अभी बिल्कुल नहीं जानता कि कब मैं गोर्बियो में आ पाऊँगा, क्योंकि मुझे अभी तक ज्यूरिख़ की तारीख़ नहीं मिली है। मैं कार से आऊँगा, मुझे अपना रास्ता मिल जायेगा लेकिन तुमको मुझे अपने घर का सही पता देना होगा। क्या तुम्हारे पास टेलीफ़ोन है? कृपया मेरे भाई के पते पर मुझे लिखो :

होल्ज़्ल्वेग्-११

डी-८१ गर्मिस्च्-पर्तेन्किर्चेओन्

पश्चिम जर्मनी

जहाँ मैं ३ सितम्बर से रहूँगा।

मुझे आशा है कि तुम अब पूरी तरह ठीक हो चुके हो। मैं ग्रीस में लगभग तीन हफ़्ते एक छोटी सी जगह में था जहाँ मैं ५० साल पहले भी था। उड़ी मुझे छोड़ रही है। उसने जर्मनी में नौकरी कर ली है, लेकिन हम दोस्तों के रूप में विदा हो रहे हैं। यह तो होना ही था। दुःखद है!

तुम दोनों को प्यार,

उदी

४४ रुडोल्फ वॉन लेडेन का पत्र

रुडोल्फ वॉन लेडेन का पत्र

१३-१०-७८

मेरे प्रिय जानीन और रज़ा,

तुम दोनों के साथ छुट्टी बिताना बहुत अच्छा लगा। मुझे हर दिन आनन्द आया, तुम दोनों, तुम्हारी कलाकृतियाँ, गोर्बियो, देश, भोजन लगभग सब कुछ। इन पलों को याद रखने के लिये कुछ तस्वीरें हैं।

मैंने एक रात तयूदे में ट्यूरीयन से वापसी में बितायी और एक रात क्रेमोना में। वियेना में लौटने के एक दिन बाद मुझे यह दुखद समाचार मिला कि मेरे भाई की पत्नी मार्गिल का, अचानक दिल का दौरा पड़ने से निधन हो गया है। मैं चार दिनों के लिये उसके पास चला गया था। वह उसके बिना बहुत उदास है। यदि तुम उसे लिखना चाहते हो, तो, उसका पता यह है :

ए. वॉन लेडेन, होल्ज्ल्वेग् ११, ८१, गर्मिस्च्-पर्तेन्किर्चेओन्, अल्लेमग्ने।

मुझे नहीं पता कि मुझे गोर्बियो के बारे में लिखने का समय मिलेगा भी या नहीं। भारत जाने से पहले (२३-११) मुझे बहुत कुछ करना है।

मुझे उम्मीद है कि नॉर्वे में जानीन की प्रदर्शनी सबसे सफल रही होगी। मैं रुए शैरोन में तुम्हारे नये घर के लिये शुभकामनाएँ देता हूँ। कृपया मुझे सही पता देना। तुम्हारी माँ को भी शुभकामनाएँ। उनसे मिल कर बहुत अच्छा लगा।

शुभकामनाएँ प्यारे दोस्तों, और मत भूलो, अब तुमको मेरे पास आना चाहिए।

रूडी

a small place where,
I was 52 years ago!
Udi is leaving us
She has taken a
in Germany
we are parting as
good friends. It had
to come. Good
to you both

Postkarte
Carte postale

SALZBURG
IHR REISEZIEL

Österreich ist schön. Komm bald.

WIEN 4
22-8
1978
21
1150

REPUBLIK ÖSTERREICH

M S.H. RAZA
Rue du Château
F 06920 GORBIO
France

Postleitzahl—Code postal — Bestimmungsort — Lieu de destination
Bestimmungsland — Pays de destination

Absender:
Expéditeur:
DR. R. von LEYDEN
NEUWALDEGGERSTR. 25
A- 1170 WIEN ST. 3/2
Telefon 46 33 123

वाल्टर लंघमार का पत्र

९-११-७८

मेरे प्रिय रज़ा,

तुम्हारा मुझे लिखना कितना सुखद है, और सहानुभूति के तुम्हारे शब्दों ने मुझे बहुत दिलासा दिया, इस शोक भरे क्षण में ख़ासकर तुम्हारे जैसे एक पुराने और वफ़ादार दोस्त की तरफ़ से, जैसा तुम हमेशा रहे हो।

मैं कला की दुनिया में तुम्हारी प्रगति के बारे में सुन कर सबसे अधिक प्रसन्न था, जो पहले रूडी ने अपनी यात्रा के बाद बताया था और अब स्वयं तुम। तुम्हें और तुम्हारी पत्नी को भविष्य के लिये मेरी शुभकामनाएँ, वह तुम्हें सदा सन्तुष्टि और उपलब्धि दे।

ग्यारह साल पहले, भारत से लौटने के बाद से मैंने काफ़ी चित्रकला की, बाद में मैंने मुख्य रूप से रूपचित्रों पर अपना ध्यान केन्द्रित किया है, जिसने मुझे बहुत ही मोहित किया है।

तुम्हें और जानीन को मेरा प्यार।

मुझे यह उम्मीद है कि हम फिर से मिलेंगे, कभी-भी कहीं, इस समय मेरी योजना काफ़ी अस्पष्ट है, मर्गिल् की समय से पहले और अचानक मौत से निर्मित घनघोर ख़ालीपन का अभी सामना करना—यह बहुत विशाल और बहुत गहरा है।

सदैव तुम्हारा,

वाल्टर

रुडोल्फ वॉन लेडेन का पत्र

२२-१०-७९

प्रिय जानीन और रज़ा,

२०.१० के तुम्हारे पत्र के लिये बहुत आभार। मुझे ख़ुशी है कि तुमने एक व्यस्त अच्छी गर्मियाँ बितायीं। तुम्हें ९.११ के लिये शुभकामनाएँ। मुझे बताना कि परिणाम क्या रहे। सूचीपत्र बहुत अच्छा है, प्रिंटिंग थोड़ी बेहतर हो सकती थी लेकिन उसका प्रभाव अच्छा है। मेरे विचार से उनमें, दो मुद्रण ग़लतियाँ हैं चौथे पैराग्राफ़ की पहली पंक्ति में शब्द 'लूज़र' ग़लत है। मैंने क्या कहा : 'लूस'? नीचे से दूसरी लाइन (१.पेज)—अयथार्थवादी (abstractionist)! फ्रांसीसी अनुवाद शानदार है, यह किसने किया? यह अँग्रेज़ी मूल से बहुत बेहतर है। अब, मुझे मेरे पाठ भाग पर गर्व है। मैं जुलाई में, रूस में तीन सप्ताह रहा था (स्वेर्सक बहुत ही सुन्दर है, और मास्को भी), सितम्बर / अक्टूबर / नवम्बर में इंग्लैण्ड में चार सप्ताह। मैं बसन्त तक लन्दन में रहूँगा; अपनी किताब पर कुछ काम करने की उम्मीद में। रसिका खन्ना जनवरी में वियना नृत्य के लिये आयेंगी। तुम्हें प्यार और बहुत सारी सफलता।

रूडी

कृपया लुसी और कार्ल फ़्लींकर को सूचीपत्र की एक प्रति असनीयरेस में भेजें। शायद मैं २० दिसम्बर के आसपास पेरिस आऊँगा। तुमसे मिलने की आशा है।

राम कुमार का पत्र

१८-३-१९८०

प्रिय रज़ा,

तुम्हारे पत्र के लिये धन्यवाद जो मुझे कुछ दिन पहले मिला। मैं भी तुम्हारे दिल्ली छोड़ने के कुछ समय के बाद ही लिखने की सोच रहा था, उस इण्डिया इण्टरनेशनल के अन्तिम रात्रिभोज के बाद जो बहुत आनन्ददायक था—विदाई के अपने रस और उदासी से भरपूर। तुम्हारे जाने के बाद, एक तरह का ख़ालीपन था, जिसे मैंने महसूस नहीं किया जब तक तुम दिल्ली में थे। पिछले कुछ सालों के दौरान, विशेष रूप से तुम्हारे भारत और मेरे १९८० के पेरिस दौरे के बाद से हम बहुत क़रीब आ चुके हैं। दूरी के बावजूद, तुम हमारे अस्तित्व के अविभाज्य हिस्सा हो।

इधर बीच मैं कृष्ण से कई बार मिला और उसने मुझे त्रियन्नाले के उद्घाटन के बाद के कुछ वृत्तान्त बताये थे। मैं इस मामले को पूरी तरह समझ नहीं पा रहा हूँ क्योंकि मैं केवल 'टाइम्स ऑफ़ इण्डिया' एकमात्र वही अख़बार पढ़ता हूँ जिसने त्रियन्नाले के स्थूल कवरेज को छोड़कर कोई विरोध नहीं किया है। लेकिन यह स्वाभाविक है कि पुरस्कारों के बाद भारतीय अनुभाग के आयोजकों को थोड़ा बुरा लगा होगा। जैसा कि मैंने तुमको पहले ही बताया था कि अकादेमी को रात भर में साफ़ नहीं किया जा सकता है, पूरे देश के साथ भी ऐसा ही मामला है। अकादेमी की अनदेखी करना बेहतर होगा, सिवाय जब वे एक विशिष्ट गतिविधि को व्यवस्थित करने के लिये आमन्त्रित करते हैं। जो कुछ भी हो, तुम कृष्ण

के सम्पर्क में रहो लेकिन तुम्हें उन सभी आक्षेपों से परेशान नहीं होना चाहिए, जिसकी ओर लोग संकेत कर सकते हैं।

मैं ठीक हूँ और तुम्हारे प्रस्थान के तुरन्त बाद से मैं अपने स्टूडियो वापस आ गया हूँ। जैसा कि तुम कहते हो, काम तुम्हारे अस्तित्व का सबसे महत्त्वपूर्ण पहलू है और हम उस पर ध्यान केन्द्रित करते हैं, मैंने गीति सेन के साथ टी वी पर तुम्हारा साक्षात्कार देखा जो काफ़ी अच्छा था। मुझे लगा कि तुम्हें समकालीन भारतीय कला से सम्बन्धित कुछ महत्त्वपूर्ण मौलिक समस्याओं को उठाना चाहिए था। कुल मिलाकर वह ठीक था। मैं जब गीति से मिला तो इसे मैंने बताया।

मुझे पोम्पिदोउ में भारतीय शो के बारे में सुन कर ख़ुशी हुई। मैं श्री मिश्रा के पास सूची देखने की उम्मीद करता हूँ, जो अभी पेरिस से लौटे हैं। मैं तुमको रूस, जापान, जर्मनी और स्वीडन में त्योहार के शो में हुई गतिविधियों के बारे में बताऊँगा। मिश्रा ने मेरे, हुसेन, कृष्ण, शेख, स्वामीनाथन इत्यादि के साथ एक कलाकार समिति का गठन किया है, प्रदर्शनियों से निपटने के लिए, क्योंकि वह किसी भी आलोचना के लिये दोषी नहीं होना चाहता है। कृष्ण ने मुझे बताया कि अक्टूबर में तुम किसी अन्तरराष्ट्रीय शो के लिये बगदाद आ रहे हो।

तो हम सम्पर्क में रहें। आशा है, तुम एक माह के भारतीय अनुभव की पृष्ठभूमि के साथ काम करने के लिये तैयार हो गये हो।

जानीन को प्यार। लिखो जब तुम्हारा मन करे। विमला अपनी शुभकामनाएँ तुम दोनों के लिये भेजती है। मैं और कृष्ण रूपंकर की बैठक के लिये २२ मार्च को एक दिन के लिये भोपाल जा रहे हैं। मैं नये फ्रेंच सांस्कृतिक परामर्शदाता डॉ. गृमोउ के साथ दोपहर का भोजन कर रहा हूँ। और फ्रांस में चुनाव...लेकिन दक्षिणपन्थी कितने हारे हुए हैं।

तुम्हारा अपना

राम

पुनश्च : ट्रोश एक दिन अचानक आ गया और हमने काफ़ी बातचीत की। वह बहुत ही दोस्ताना प्रकृति का है। उसने मुझसे 'तू' का उपयोग करने को कहा जो मेरे लिये बहुत मुश्किल है।

राम कुमार का पत्र

७ अप्रैल

प्रिय रज़ा,

तुम्हें मेरा पिछला पत्र मिल गया होगा। दुर्भाग्य से मैंने जो पता लिखाया था वह थोड़ा ग़लत था। कृपया इसे ठीक करो—

प्रति, वर्ल्ड एजुकेशन

१४१४ 6th एवेन्यू

न्यूयॉर्क, N.Y. 100 9 1

मैं ठीक हूँ, लेकिन मेट्रो स्ट्राइक की वजह से ज़्यादा नहीं चल सकता।

मई में तुमसे मिलने के लिये उत्सुक हूँ।

जानीन को प्यार।

तुम्हारा

राम

राम कुमार का पत्र

प्रति, वर्ल्ड एजुकेशन
1414 6th एवेन्यू
न्यूयॉर्क, NY.11375

प्रिय रज़ा और जानीन,

तुम जानते हो कि मैं पिछले कई महीनों से यू.एस. आने की योजना बना रहा हूँ लेकिन किसी न किसी या अन्य वजहों से ऐसा नहीं हो सका।

मैं यहाँ दो दिन पहले आया था, ब्राजील और पेरू में दो सप्ताह बिताने के बाद जहाँ मैंने इंका सभ्यता के प्रसिद्ध माचू पिचू खण्डहर का दौरा किया। मैं यहाँ एक महीना और रहने की सोच रहा हूँ और एक सप्ताह पेरिस रुकने के बाद फिर दिल्ली वापस जाऊँगा। मुझे आशा है कि तुम पेरिस में मेरे प्रवास रहने के दौरान रहोगे, क्योंकि पेरिस आने के मुख्य आकर्षणों में से तुम एक होगे जिससे मैं मिलना चाहता हूँ।

मुझे पिछले साल भारत में तुमसे न मिलने का बेहद अफ़सोस है। अगर मुझे पता चलता कि तुम भोपाल में थे, तो मैं वहाँ हर सूरत में आता। फिर भी, इस बार मैं ईमानदारी से तुमसे मिलने की उम्मीद करता हूँ।

बेशक, बाल ने तुम्हें हमारी दुनिया की सभी कहानियों को सुनाया होगा, लेकिन मैं तुमको दिल्ली के बारे में और भी बताऊँगा, जहाँ वह पिछले दो सालों से नहीं गया है।

कुछ काम करने के इरादे से मैंने न्यूयॉर्क में एक महीने के लिये दो कमरे का अपार्टमेंट किराये पर लिया है, लेकिन दो दिनों के बाद ही मुझे एक

माह के लिये यहाँ रहने की निरर्थकता का एहसास हुआ, किसी भी तरह, अब कुछ नहीं हो सकता। ज़्यादातर समय मैं अपार्टमेंट में ही बिताता हूँ।

उपर्युक्त पते पर मुझे लिखना क्योंकि मेरे पास मेल मिलने की कोई और सुविधा नहीं है। मेरा फ़ोन नम्बर PL2-3427 है, यदि तुम न्यूयॉर्क में आओ तो।

प्यार और शुभकामनाओं के साथ,

तुम्हारा अपना

राम कुमार

राम कुमार का पत्र

२४ अप्रैल

प्रिय रज़ा,

तुम्हारे प्यार भरे पत्र के लिये धन्यवाद जो मुझे कल ही मिला। वास्तव में, भारत में रहते हुए, मैंने तुम्हें कई बार लिखने को सोचा था, लेकिन मुझे एक ख़ास तरह की हिचकिचाहट और निरर्थकता की भावना महसूस होती है जब तक कि कुछ कहना न हो, जो हमेशा किसी अन्तरंग व्यक्ति को लिखने से रोकता है, और पत्र उन भावनाओं को कभी नहीं पहुँचाता जो आप व्यक्त करना चाहते हैं। हालाँकि, मैंने तुमको पेरिस जाने की वजह से लिखा था, जिसका मैं बहुत उत्साह और जज़्बात के साथ इन्तज़ार कर रहा हूँ। मैंने अपना लेख 'पूर्णग्रह' में नहीं देखा है जो मेरे जाने के बाद छपा। तुम्हारे स्टूडियो में मेरे रहने के प्रस्ताव के लिये धन्यवाद। शायद मैं वहाँ दो या तीन दिनों के लिये रह सकता हूँ और फिर किसी होटल में जा सकता हूँ जिसका ख़र्च मैं वहन कर सकूँ। हाँ, पहले एक या दो दिन हमारे पास बात करने के लिये बहुत कुछ होगा।

न्यूयॉर्क में मेरा प्रवास काफ़ी रोमांचक था, मेरे फ़्लैट में चोरी सहित, जब मैं तीन दिनों के लिये बोस्टन में था। सौभाग्य से मैंने अपने कुछ कपड़ों और स्कॉच व्हिस्की की एक बोतल को छोड़कर बहुत कुछ नहीं खोया। यह एक अजीब तरह का अनुभव था।

मैं १ मई की शाम को लन्दन के माध्यम से पेरिस के लिये रवाना हो रहा हूँ। मैं २२ मई को पेरिस में होऊँगा। यह उड़ान एयर इण्डिया १२८ है जो २ बजे लन्दन से निकलती है और दो मई को पेरिस में ४.१० बजे पहुँचती

है। मैं पहुँचते ही फ़ोन पर तुमसे सम्पर्क करूँगा। तुम्हें इसके बारे में चिन्ता करने की ज़रूरत नहीं है।

तो दो को मिलते हैं। जानीन को प्यार।

तुम्हारा अपना

राम

राम कुमार का पत्र

१ मई, १९८०

प्रिय रज़ा,

तुमको अब तक मेरा तार मिल गया होगा। मुझे अपने प्रस्थान को स्थगित करना पड़ा क्योंकि मुझे १५ मई को पिकासो प्रदर्शनी के प्रेस पूर्वावलोकन के लिये पास (प्रेस) मिल गया है। मैं इस बारे में थोड़ा अस्थिर था क्योंकि शो २२ को जनता के लिये खुल रहा था और मैं उतना समय अमेरिका में नहीं बिताना चाहता था, लेकिन १३वें के लिये पास मिलने से मेरा कार्यक्रम पुख़्ता हो गया। अब मैं १५ मई की शाम को लन्दन के लिये उसी एयर इण्डिया की उड़ान से जा रहा हूँ और ८ घण्टे इन्तज़ार करने के बाद, एयर इण्डिया की २.३० बजे की उड़ान से लन्दन से पेरिस जोकि सोलह को ४.३० बजे पेरिस पहुँचेगी। मुझे आशा है कि तुम पेरिस में सोलह को होगे। परेशानी के लिये क्षमा करना। मैं अपने कुछ पुराने मित्रों से मिलने, दो या तीन दिनों के लिये न्यूयॉर्क से बाहर जा सकता हूँ।

बाक़ी ठीक है, जानीन को प्यार।

अगर मेरे लिये कोई पत्र हैं तो कृपया उन्हें रखना।

राम

मैंने अभी–अभी पॉट्सडैम में अपने एक दोस्त के साथ लगभग १२ दिन बिताने का फ़ैसला किया है। किसी भी आपात स्थिति में उसका पता है—

प्रो. के.बी. वैद

स्टेट यूनिवर्सिटी ऑफ़ न्यूयॉर्क

पॉट्सडैम एन.वाई. १३६७६

फ़ोन-(३१५) २६५२७०३

एस. एच. रज़ा का पत्र

१५-०५-१९८०

मेरे प्रिय राम,

यूरोप में तुम्हारा स्वागत है! मुझे यह जानकर ख़ुशी है कि तुमको प्राग वसन्त महोत्सव के लिये अतिथि के रूप में चार दिनों के लिये आमन्त्रित किया गया है। प्राग में आजकल भीड़भाड़ काफ़ी हो गयी है और तुम्हारे रहने के लिये यहाँ स्थान मिलना थोड़ा कठिन होगा। मैंने तुमको इस आशय से तार भेजा है कि मुझे किसी शाम फ़ोन करके (निवास का फ़ोन नम्बर ४६०८८९) अपनी उड़ान संख्या और दिन ठीक-ठीक बता देना। मुझे आशा है कि तुम अपने कैनवस साथ ला रहे हो क्योंकि हम अभी भी प्रदर्शनी की व्यवस्था करने की कोशिश कर रहे हैं। यह थोड़ा मुश्किल है लेकिन मैंने अभी तक उम्मीद नहीं छोड़ी। तुम्हारे दोनों पत्र और तार मिल चुके हैं। मुझे नहीं पता कि तुम पेरिस में कितने समय तक रहोगे, लेकिन अगर तुम्हें टिकट मिल जाय और यदि तुम २० मई को आ सको तो यह ठीक होगा, क्योंकि नेशनल गैलरी की एक विशेष जूरी अभी इक्कीस तक सत्र में है और डॉ. एजल तुम्हारी हाल की कलाकृतियों में से कुछ अपने संग्रह के लिये ख़रीद सकते हैं। शेष ठीक है। हम सभी तुमसे मिलने के लिये उत्सुक हैं और कृपया मुझे बताना कि तुम कब आ रहे हो।

सस्नेह,

रज़ा

एस. एच. रज़ा का पत्र

पेरिस, २० अप्रैल, १९८२

मेरे प्रिय बाल,

तुम्हारे टेलीफ़ोन कॉल ने मुझे बहुत ही आनन्दित किया। यह जानकर बहुत ख़ुश था कि तुम्हें और दोस्तों को मेरे वो दो कैनवस पसन्द आये जिन्हें मैंने दिल्ली त्रैवार्षिकी में भेजा था और तुम भी बड़े वाले को हासिल करना चाहोगे! कुछ दिन बाद राम के पत्र अधिक जानकारी के साथ पहुँचे। मेरी पेंटिंग रंगीन तालिका में है और जो दूसरा वाला है वो ललित कला अकादेमी द्वारा अधिग्रहण किया जा सकता है। गीता कहती है कि वह लन्दन प्रदर्शनी के लिये मेरा बड़ा कैनवस 'माँ' का इन्तज़ार कर रही है।

यह सब अद्‌भुत बातें दिल को सुकून पहुँचातीं है। मैंने काम करना जारी रखा है, क्योंकि मैं इसके मूड में हूँ और मेरे सामने अभी कई परियोजनाएँ हैं। जानीन और मैं दोनों तेईस मई को प्राइवेट—केन्द्रीय फ्रांस—में ८ से २३ मई तक शो कर रहे हैं। पिछले हफ़्ते डेविड इलियट मुझसे मिला और आने वाले छह महीनों में छह चित्र ऑक्सफ़ोर्ड शो में भेजे जायेंगे। लन्दन प्रदर्शनी के बारे में, दिल्ली से अनुक्रमों में छन-छन कर ख़बर आ रही है, लेकिन गीता का आख़िरी पत्र अनुकूल और सकारात्मक है। मैंने रिचर्ड को उसके लिये एक बड़ा कैनवस अलग से रखने के लिये कहा है और शायद मेरे पास दूसरी भोपाल और एन.जी.एम.ए. दिल्ली के लिये तीसरी पेंटिंग है। डाक टिकट का प्रोजेक्ट चल रहा है। मैं थोड़ा घबरा रहा हूँ, परेशान महसूस कर रहा हूँ, लेकिन अगर कलाकार भाईलोग मेरे काम को सहानुभूति से देखें तो मैं अपने आप से और दूसरों से यह कह सकता हूँ :

अब मज़े आ रहे हैं!!!

बाल जी, अब जीत के साथ यहाँ आने का निर्णय लो। अगर उर्वशी भी आती है, तो यह बढ़िया होगा, हम तुम्हारा गोर्बिओ में रहने का इन्तज़ाम कर देंगे और यदि तुम पेरिस में रहना चाहते हो, तो गर्मियों में मेरा पेरिस का अपार्टमेंट तुम्हारा होगा। सबसे अच्छी योजना गोर्बिओ से शुरू करते हुए पेरिस और फिर लन्दन या इसके उलटे क्रम से उचित होगी। हम आमतौर पर १५ जून को गोर्बिओ के लिये प्रस्थान करके, सितम्बर के अन्त तक वहाँ रहते हैं। बर्न-स्विट्जरलैण्ड की मेरी प्रदर्शनी की शुरुआत २७ अक्टूबर को है और मेरे अपने काम के अलावा, और गर्मियों के दौरान ग्रेनोबल में मुझे एक एलबम पाँच सेरीग्राफ़ के साथ पूरा करना है। तो यह कड़ी मेहनत वाला है, लेकिन मुझे ऐसा ही अच्छा लगता है।

यह सब, डींगें हाँकने के लिये नहीं बल्कि तुमको हमारे कार्यक्रम की सूचना देने के लिये है, हमारा सही पता और टेलीफ़ोन नम्बर नोट करो :

रज़ा,

रु डू शटेऔ
गोर्बिओ
०६५०० मेन्तोन्
फ्रांस
दूरभाष संख्या : (९३) क्षेत्रीय संख्या और उसके बाद, ५७,४८,४७

●

मुझे बर्न के लिये अधिक वकील कैटलॉग की आवश्यकता होगी। क्या खुर्शीद कुछ राशू के पास भेज सकता है। क्या तुम २० जून के बाद, पच्चीस कैटलॉग पेरिस या गोर्बिओ के लिये भेज सकते हो?

जीत को किसी भी तरह यहाँ आना चाहिए, अब वह हर अर्थ में एक पेशेवर कलाकार है और उसे यहाँ की आधुनिक कला को देखना चाहिए। इसके अलावा तुम्हारे साथ गोर्बिओ में समय बिताना बहुत अच्छा रहेगा लेकिन इसके ग्राम्य जीवन से सावधान रहना।

लिखो और हमें अवगत कराओ। जीत, उर्वशी और तुम्हें हम दोनों की तरफ़ से प्यार।

रज़ा

बाल छाबड़ा का पत्र

7th Heaven, बम्बई
८ जून, १९८२

रज़ा साहिब, जानीन मेमसाहिब,

तो मज़ा आ रहा है! अति सुन्दर!!! मेरे देर से उत्तर देने का बुरा मत मानना, तुम अब तक गीज़र को समझ गये होंगे।

मूड की बात है! लेकिन यदि कुछ ज़रूरी है तो मैं कार्रवाई करता हूँ! पसन्द आया?? महमूद यहाँ था और आज या कल दिल्ली से लन्दन के लिये रवाना हो गया होगा, मुझे वकील से २५ कैटलॉग मिले हैं और उसे तुमको सौंपने के लिये मैंने दे दिये हैं। मैंने हाल ही में सौ कैटलॉग वकील से ख़रीदे थे और ७५ शेष मेरे पास हैं, और जब भी सम्भव होगा उन्हें तुम्हारे पास भेज दिया जायेगा। मुझे आशा है कि गोर्बियो छोड़ने से पहले तुम्हें यह नोट मिल जायेगा।

तुम्हारा उत्साहपूर्ण निमन्त्रण पिक्सिलेटिंग है। हर तरह से मुझे उत्तेजित करने के लिये पर्याप्त। यूरोप की मेरी यात्रा निश्चित है, गोर्बियो आने का विचार बहुत सुन्दर है! मेरे भाई सिरजीत और फूफाजी इंग्लैण्ड में छुट्टियाँ मना रहे हैं और इस महीने के अन्त तक वापस आ जायेंगे और तब तक मैं अपने कार्यक्रम का निर्णय ले लूँगा और तदनुसार तुमको लिखूँगा। लेकिन उससे पहले तुम मुझे यूरोप में पेरिस के रास्ते और इटली की तरफ़ से गोर्बियो आने का एक नोट दे देना—यदि यह सम्भव है तो। क्या गोर्बियो का पेरिस से ट्रेन या बस या एयर से सम्पर्क है?? मार्ग आदि, तो

7th Heaven
Bombay
8th June 82

Raja Sahib Jamie Mem Sahib..

To Maze aa rahe hai! that's lovely! – Don't mind my late reply, you know the egos of ours. Mood ki Baat hai! but if anything is urgent I do take action! Like!! Mahmood was here & must have left for London yesterday or today from Delhi & I got 25 catalogues from Vakil & gave it to him to be delivered to you – I brought 100 catalogs from Vakils & the balance of 75 are with me & as & when it is possible they'll be sent to you – I hope you get this

मुझे वह विवरण मेरी मदद कर सके। उर्वशी स्कूल में १०वीं कक्षा में है, हमारी मैट्रिक परीक्षा की तरह, इसलिए उसे विदेश यात्रा के लिये एक साल इन्तज़ार करना पड़ेगा। मैं कुछ इन्तज़ाम करने की कोशिश कर रहा हूँ ताकि जीत मेरे साथ आ सके, तो देखते हैं। मैंने एक पेंटिंग 7ft × 5ft की है जो ठीक बनी है। काश तुम इसे देख सकते! बाक़ी यहाँ निकलने से पहले और तुमसे रूबरू होने के बाद।

सस्नेह

बाल

बाल छाबड़ा का पत्र

दिल्ली
१ जनवरी, १९८३

रज़ा साहिब–जानीन मेमसाहिब,

आप दोनों को नया साल मुबारक हो। हम, मेरा मतलब है कि जीत और उर्वशी, यहाँ चार दिनों से हैं। उर्वशी की क्रिसमस की छुट्टियाँ थीं, इसलिए हमने सोचा यहाँ आकर ठण्ड के मौसम का आनन्द लें और साथ ही गाय, कृष्ण और राम से मिलते हैं, लेकिन राम असम गया है, कोई कलाकार (फ्री यात्रा?) निमन्त्रण, इसलिए मुझे उसकी याद आती है, बस सामान्य रूप से इत्मीनान से हैं। इस गीज़र ने पिछले कुछ महीनों के दौरान एक भी पेंटिंग नहीं की है! लेकिन हमेशा की तरह ख़ुश है! वह अ ला कार्ट उदाहरण है, एक ऐसे व्यक्ति का जो स्वयं से काफ़ी सन्तुष्ट है—मेरे जैसा नहीं और यद्यपि मैंने यहाँ आने से पूर्व एक बड़े कैनवस पर काम शुरू कर दिया था, फिर भी स्वयं के साथ मैं व्याकुल रहता हूँ। बस कहीं ऐसी जगह जाने की इच्छा होती है जहाँ मैं अपने आप को शान्त कर सकूँ! कृष्ण मौर्य होटल के लिये एक बड़ा म्यूरल (भित्ति-चित्र) बनाने में व्यस्त है और हुसेन हेर्विट्ज़ का इन्तज़ार, उनकी देखभाल करने के लिए, बॉम्बे में कर रहा है। हम कल बम्बई वापस जा रहे हैं। मैं अभी भी अपने एकल शो के बारे में अनिश्चित हूँ। मैं मुम्बई लौट कर इस पर निर्णय लूँगा और तुमको सूचित करूँगा कि मूड क्या है!! क्या तुमने मुझे FIAC की तालिका भेजी है? तुम्हारे डाक टिकट संलग्न हैं। नयी सूचनाओं के बारे में अवगत करना और हम सब की ओर से प्यार।

बाल

रुडोल्फ वॉन लेडेन का पत्र

अवध

३.१.८३

मेरे प्रिय रज़ा,

तुम्हारा पत्र जयपुर में मेरे पास भेजा गया था जहाँ पर मैंने संग्रहालय के काम से लगभग दो हफ़्ते का समय व्यतीत किया था और कार्ड खेलना और उसके इतिहास की खोज में कई भ्रमण किये।

मैं शाहवादी के पास गया जहाँ कस्बों में बड़े (...) कृष्ण कथा से लेकर अँग्रेज़ी महिलाओं के स्नान करते हुए और अन्य चीज़ों के साथ (....) भित्तिचित्रों से बाहर और अन्दर चित्रित किया गया था! मैं तब अहमदाबाद में था और अब मुम्बई के रास्ते में अवध नामक स्थान पर हूँ जहाँ मैं लगभग पाँच-छह दिनों के लिये रहूँगा।

मैंने कृष्ण के साथ उसके गढ़ी स्टूडियो में बहुत समय बिताया। वह मौर्य होटल में बड़ी छत के लिये स्केचेस (रेखाचित्र) और परीक्षण चित्रों पर काम कर रहा था। उसने व्यावसायिक कामों के लिये भी उत्कृष्ट पेंटिंग ही बनाने का दृढ़ निश्चय किया है! हमने अपने दोस्तों के बारे में बहुत कुछ बातचीत की, जिसमें तुम और जानीन शामिल थे और हमने खेद व्यक्त किया कि पुनर्मिलन बहुत दुर्लभ है।

मुझे उम्मीद है कि सर्दियों ने और कान्वेंट (विहार) की दीवारों ने तुमको चित्रों की एक नयी शृंखला शुरू करने के लिये समय और एकान्तवास प्रदान किया है? मैं जब भी पेरिस आऊँगा तो तुमको सूचित कर दूँगा।

तुम्हारा एक आधुनिक श्रेणी की पेंटिंग्स बनाने का विचार ग़ौरतलब है लेकिन चूँकि कार्ड के सेट का विचार ही यह है कि वे एक एकीकृत संरचना और प्रणाली बनाते हैं, वास्तव में यह एक ही कलाकार का काम होना चाहिए। तुमसे भेंट होने पर हम इस पर और चर्चा करेंगे। आकार बेकार है, ३५ मिमी से १२ सेंटीमीटर तक व्यास का सब कुछ। रंग (...) आर्थिक प्रतिकृतियों के लिये सरल होना चाहिए। मैं ११ बजे भी धूप में बैठा हूँ। हवा शान्त है और भारत अपनी पूर्णता में उत्कृष्ट है। गहरे लाल फूल, फूलों के बेल, फूलों के पेड़, हरे रंग का लॉन, एक छोटा स्विमिंग पूल। मैं सन्तुष्ट हूँ।

जानीन को मेरा प्यार देना, मैं दोनों को एक सफल नये साल और काम करने की शक्ति के लिये अपनी शुभकामनाएँ देता हूँ।

रूडी

एस. एच. रज़ा का पत्र

पेरिस, १८ फ़रवरी, १९८३

मेरे प्रिय बाल,

अन्ततः FIAC से एक पत्र मिला। FIAC ८३ में एक स्टैंड मिलने की हमारी सम्भावना बिल्कुल भी नहीं है। लेकिन हमें १५ मार्च तक पता चल जायेगा। इसके साथ उस पत्र की एक प्रति संलग्न है जो मुझे श्री जूएत से मिला है। हो सकता है कि केकू और खुर्शीद ने भी इस पत्र को प्राप्त किया हो।

मुझे अभी भी विश्वास है कि हम इस वर्ष एक स्टैंड प्राप्त कर सकेंगे और हमें अपने आप को तैयार रखना चाहिए। कई गतिविधियाँ यहाँ पर हो रही हैं और FIAC से शुरू करना अच्छा होगा। सभी जोख़िम के बावजूद यह एक पथप्रदर्शक प्रयास होगा।

मेरी जानकारी में, फ्रांस में समकालीन कला दिखाने की दो महत्त्वपूर्ण और स्वतन्त्र परियोजनाएँ फ्रांसीसी सरकार द्वारा तय की जाती हैं। सबसे पहले, Musee Georges Pompidou में समकालीन चित्रकारों और अन्य सांस्कृतिक गतिविधियों की एक प्रदर्शनी। वे अब तक इसके बारे में नहीं सुनना चाहते थे। केवल मेरे दोस्त पिये गौडीबर, जो मुसी दे ग्रेनोब्ले के निदेशक हैं, उन्होंने दिलचस्पी दिखायी और उनकी परियोजना भी अच्छी तरह से चल रही है और यहाँ तक कि जॉर्जेस पोम्पिडौ (पोम्पिदोउ) परियोजना से पहले ही उसे सरकार द्वारा तय भी कर लिया गया है। शायद दो प्रयासों का समन्वय किया जा सकता है और यहाँ तक कि फ्रांस में कहीं भी दिखाया जा सकता है (मैं आशा करता हूँ कि यह सेंट पॉल दू

वौंस के फोन्दतिओन् मएग्त् में हो। यह बाद में मेरा अपना सुझाव था, और मुझे पता है कि अगर इसकी योजना पहले से की गयी तो यह सम्भव है।)

दोनों परियोजनाओं—ग्रेनोबल और पेरिस—को निरन्तर दौरा, जटिल तैयारी और पत्राचार की आवश्यकता होगी और मैं चाहता हूँ कि हमारी सरकार उत्साह से इस मामले में योगदान दे। अकबर को सूचित कर देना, लेकिन ख़बर के बारे में विशेष रूप से प्रेस के साथ हमें होशियार रहना पड़ेगा। समय आने पर, उन्हें सरकारी स्रोतों से पता करना पड़ेगा।

मैंने डैनियल जरविस से मिलने की कोशिश की थी, मैंने उन्हें एक लिखित सन्देश दिया। उनकी गैलरी एक निजी गैलरी बन गयी है और वे केवल समयदेश द्वारा ही मिलते हैं—जैसे कि महामहिम की मेहरबानी, वैसे मैं उसे काफ़ी अच्छी तरह से जानता हूँ, लेकिन मैं ज़बरदस्ती करने से नफ़रत करता हूँ। FIAC के लिये दीर्घाओं का चयन COFIAC की समिति पर निर्भर करता है, जिसका वह अध्यक्ष है—हाँ, यदि जेसी वेस्टेनहोलज़ ने उसकी जगह नहीं ले ली है।

मुझे लगता है कि केमॉल्ड आर्थिक रूप से इस कार्यक्रम में शामिल हो गया है। मैं चाहता हूँ कि तुम और तैयब दोनों इसमें भाग लो। मेरा मूल विचार यह था कि केमॉल्ड आवेदन करे और कलाकार अपने ख़र्च का साझा करें, ताकि गैलरी को कोई कमीशन न देना पड़े। घर पर हालात अलग-अलग हैं, और मैं हस्तक्षेप करना नहीं चाहता। लेकिन मुझे यक़ीन है कि तुम सभी वर्गों के हित में उचित व्यवस्था कर लोगे। इस बीच, इस शापित अन्तरराष्ट्रीय मेले में पान की दुकान खोलना भी मुश्किल है। लेकिन मेरा विश्वास करो, यहाँ पर सब कुछ मुश्किल है।

अब अपने बारे में बताओ, और उस बाल छाबड़ा के बारे में भी जो मार्च में शो कर रहा है। मैं सप्ताहान्त में बॉम्बे आने के मूड में नहीं हूँ, वहाँ अब गर्मी पड़नी शुरू हो गयी होगी, अगली सर्दियों में आना अच्छा होगा। मैं जनवरी '८४ में आना चाहूँगा और तुम सभी से पूरा समय लूँगा। तुम जानते होगे कि जानीन का शो नार्वे में अक्टूबर-नवम्बर ८३ को है, इसलिए सितम्बर, अक्टूबर और नवम्बर को ख़ाली रखना। लेकिन मुझे पता है कि तुमसे तुम्हारे शो के बारे में बात करना जीन सेबस्टियन बाख को एक गधे को सुनाने की तरह है!

सब कुछ वैसा ही है, उर्वशी, जीत और तुमको हम दोनों की तरफ़ से ढेर सारा प्यार। क्या तुमको वार्निश मिला?

रज़ा

तुम्हारा पेंदा कैसा है?

एस. एच. रज़ा का पत्र

एस.एच. रज़ा
१०१, रुए दे शैरोन
२, सिते दु कोउवेन्त
७५०११ पेरिस
TEL.370-97-64
पेरिस, ४ मई, १९८३

मेरे प्रिय अकबर,

इसके साथ ही FIAC से प्राप्त पत्र की एक प्रति भी संलग्न है। इस वर्ष हम स्टैंड नहीं लेंगे। पत्र और टेलीफ़ोन कॉल के बावजूद जरविस से मिलना असम्भव था। उन्होंने अपनी गैलरी जनता के लिये बन्द कर दी है और केवल दिये गये निश्चित समय पर ही मुलाकात करते हैं। सन्देश दर्ज किया जाता है और उत्तर केवल उन्हीं लोगों को दिया जाता है जिससे उन्हें कोई सरोकार होता है।

कई कारण हो सकते हैं। सबसे पहले तो वे निश्चित रूप से इस १०वीं वर्षगाँठ के लिये पूर्णत: बुक हैं। और कहीं शायद कला की दुनिया की राजनीति और ऊँचे दर्जे के वित्त में भी अपनी भूमिका निभाते हैं। इसके अलावा वे समकालीन भारतीय चित्रकला को नहीं जानते और उन्हें नहीं पता कि १९८५ में क्या हो रहा है। लेकिन मैंने यह कामना की थी कि हम भारतीय सांस्कृतिक महोत्सव से पहले अपने स्वयं के प्रयासों के कुछ ठोस परिणाम निकाले।

मैंने पन्द्रह दिन पहले श्रीमती जयकर से मुलाकात की। वह पेरिस में थीं

S.H. RAZA
101, RUE DE CHARONNE
2, CITÉ DU COUVENT
75011 PARIS
TÉL. 370-97-64

Paris, May 4, 1983.

My dear Akbar,

Herewith enclosed a copy of the letter from FIAC. We won't have the stand this year. It was impossible to see Gravis, in spite of letters & telephone calls. He has closed his gallery to public & meets only on appointments. The messages are recorded & replies are given to only those who seem of interest to them.

There may be many reasons. Firstly they are certainly heavily booked up for this 10th anniversary. Then probably the politics of the art world & the haute-finance play a part. Also they do not know contemporary Indian Painting & they do not know what is coming up in 1985. But I had wished this had worked out so that we had some concrete results of our own efforts before the Indian Cultural Festival.

I met Mrs. Jayakar a fortnight back. She was in Paris & asked to meet me. The meeting lasted about half an hour at the Ambassador's residence. It seems that dates are fixed up for several exhibitions = ancient-art at the Grand Palais, Textiles at the Musée des arts décoratifs, theatre etc. There are doubts about the contemporary Indian Painting. Initially it was agreed that it will be shown at the Musée Georges Pompidou. It seems that Mr. Jack Lang, Minister of Culture, has proposed the new Complex at Villette where the entire exhibition can be housed at a stretch. I expressed my disappointment. These new museums or exhibition halls will not be ready before 1986 & then they are not centrally situated. Beside the Prestige of Pompidou museum is considerable & would have been good for Indian painting.

Mrs. Jayakar has asked me to write to her & give my opinion on the various subjects I talked about. I will try to do, though I am very reluctant to get into any organisational work. When I do it, I do it with all my might, but then I am not made so — & my excessive nervosity makes everything complicated. However at this stage it's only a question of giving her information which can be useful in the context of the forthcoming exhibition.

I haven't seen Jean or Krishna Riboud yet. Mr Tripathi of the Indian Embassy keeps me informed. News from Grenoble are not very encouraging. You know that Pierre Gaudibert, the Director of the museum, was extremely keen to get the exhibition there. The municipality that was in place so far, lost the election & the whole art projects are being changed. Besides in France on the whole, problems are everywhere particularly in economy. After 3 devaluations, the Franc is still weak, & though I understand nothing about it, I know that pessimisme is looming large everywhere.

We plan to leave for Gorbio on the 3rd of June. We will stay there till end of September. Please note the address: RUE DU CHATEAU, GORBIO, 06500 MENTON, France." Tel: (93), 574847. If you come again, do try to visit us. In the meantime keep us informed. I will like to end this letter on a bright note. Mani Kaul's film was presented at the Musée G. Pompidou. I reached in time. There was a long Q. 250 people. Before I could come to the kiosque, all tickets were sold. I made such a scene I had to see the film on Mukti Bodh. They let me in. It was grand. The hall was full 180 people. Alas the subtitles in English ~~too~~ made the film even more incomprehensible, but I rejoiced having seen it. On the whole the film fest has been very well received — some 120 films from India were projected.

Do write, when you find time. Inform Ram & Tyeb. I have written to Khurshid & Kekoo —

Love from us both —

[signature]

और मुझसे मिलने को कहा। यह बैठक राजदूत के निवास पर क़रीब आधे घण्टे तक चली। ऐसा लगता है कि तिथियाँ कई प्रदर्शनियों के लिये निर्धारित हैं—ग्रांड पैलेस में प्राचीन कला, मुसी दे अर्त्स देकोरतिफ्स में वस्त्र एवं थिएटर इत्यादि। समकालीन भारतीय चित्रकारी के बारे में सन्देह है। शुरू में यह अच्छा था कि इसे मुसी जॉर्जेस पोम्पिडौ (पोम्पिदोउ) में दिखाया जायेगा। ऐसा लगता है कि श्री जाक लैंग, संस्कृति मन्त्री, ने विल्लेट में नये परिसर का प्रस्ताव किया है जहाँ पूरी प्रदर्शनी को एक खण्ड में दिखाया जा सकता है। मैंने अपनी निराशा व्यक्त की। ये नये संग्रहालय या प्रदर्शनी हॉल १९८६ से पहले तैयार नहीं होंगे और फिर वे कला जगत के केन्द्र से दूर हैं। पोम्पिडौ (पोम्पिदोउ) संग्रहालय की ख्याति काफ़ी है और भारतीय चित्रों के लिये यह अच्छा होता।

श्रीमती जयकर ने मुझसे लिखने को कहा है और उन सभी विषयों पर अपनी राय देने को जिसके बारे में बात की थी। मैं करने की कोशिश करूँगा, हालाँकि मैं किसी भी संगठन के काम में दख़लन्दाज़ी करने के लिये बहुत अनिच्छुक हूँ। जब मैं ऐसा करता हूँ, तो मैं इसे अपने सारे प्रयास से करता हूँ, लेकिन तब मुझे ऐसा नहीं किया जाता है—और मेरी अत्यधिक अधीरता से सब कुछ जटिल बन जाता है। हालाँकि इस स्तर पर केवल मुझे उसकी जानकारी देने का सवाल है जो आगामी प्रदर्शनी के सन्दर्भ में उपयोगी हो सकता है।

मैंने जीन या कृष्ण रिबोउ को अभी तक नहीं देखा है। भारतीय दूतावास की श्रीमती त्रिपाठी से मुझे सूचना मिलती रहती है। ग्रेनोबल से समाचार उत्साहजनक नहीं है। तुम्हें पता है कि पियरे पिये गौडीबर, संग्रहालय के निदेशक वहाँ प्रदर्शनी लगाने के लिये बेहद उत्सुक थे। नगरपालिका, जोकि अभी तक वहाँ पर थी चुनाव हार गयी और अब पूरी कला परियोजनाओं को बदला जा रहा है। इसके अलावा, पूरे फ्रांस में, समस्याएँ हर जगह हैं, विशेष रूप से अर्थव्यवस्था में, तीन अवमूल्यन के बाद, फ्रांस अभी भी कमज़ोर है, और हालाँकि मैं इसके बारे में बहुत कुछ नहीं जानता लेकिन मुझे पता है कि निराशावाद हर जगह बड़े पैमाने पर उभर रहा है।

हम तीन जून को गोर्बियो जाने की योजना बना रहे हैं। हम सितम्बर के अन्त तक वहाँ रहेंगे। कृपया पता नोट कर लो : रु डू शटेऔ, गोर्बिओ, ०६५०० मेन्तोन्, फ्रांस टेलीफ़ोन : ९३,५७ ४८ ४७। यदि तुम फिर आ

रहे हो, तो हमसे मिलने की कोशिश करना। इस बीच हमें सूचित करते रहना। इस पत्र को मैं एक सकारात्मक टिप्पणी पर समाप्त करना चाहूँगा। मणि कौल की फ़िल्म मुसी जॉ. पोम्पिडौ (पोम्पिदोउ) में प्रस्तुत की गयी थी। मैं समय पर पहुँच गया। वहाँ एक लम्बी कतार थी, २५० लोग। इससे पहले कि मैं टिकट खिड़की पर पहुँच पाता, सभी टिकट बिक गये थे। मैंने इतना हंगामा किया; मुझे मुक्तिबोध पर फ़िल्म देखनी ही थी। उन्होंने मुझे जाने दिया। वह भव्य था। हॉल खचाखच भरा था, १८० लोग। अफ़सोस है कि अँग्रेज़ी में उपशीर्षक ने फ़िल्म को और भी समझ से बाहर कर दिया, लेकिन मुझे यह देखकर बहुत ख़ुशी हुई। सब मिलाकर, पूरा फ़िल्म फेस्टिवल बहुत अच्छी तरह से सराहा गया है—भारत की लगभग १२० फ़िल्में दिखाये जाने का अनुमान है।

ज़रूर लिखना, जब तुमको समय मिले। बाल और तैयब को सूचित कर देना। मैंने ख़ुर्शीद और केकू को लिखा है।

हम दोनों की तरफ़ से प्यार

रज़ा

बाल छाबड़ा का पत्र

१८ जुलाई, १९८३
बम्बई

रज़ा साहिब,

बस मूड आ गया। इतने महीनों की जद्दोजहद के बाद मेरा नितम्ब अभी ठीक है। और इसलिए मुझे विदेश यात्रा करनी पड़ेगी और पेंट और पेंटर्स में शामिल होना पड़ेगा, उन मांसपेशियों को चिकना करने के लिये जो पिछली यात्रा के बाद से जाम हो गयी हैं!! तुम गोर्बियो में कब तक रहोगे। मैं न्यूयॉर्क जाने की योजना बना रहा हूँ और अगर मुझे एक स्टूडियो अपार्टमेंट मिल जाता है, तो मैं दो या तीन महीने तक वहाँ रहने के लिये तैयार हूँ। और मैं इसे तय करने के लिये नटवर को लिख रहा हूँ—ऐसा लगता है कि यह सम्भव है, चूँकि न्यूयॉर्क में लोग कम समय के लिये जब भी शहर से बाहर जाते हैं तो उन्हें अपने फ़्लैट किराये पर देने पर कोई आपत्ति नहीं होती। यदि सितम्बर से मुझे यहाँ आवास मिल जाता है तो मैं यहाँ से अगस्त के मध्य में चल कर १० से १५ दिन तुम्हारे और जानीन के साथ बिता सकता हूँ। इस बार मैं अपने से यात्रा कर रहा हूँ और यदि यह सम्भव है और तुमको कोई परेशानी नहीं है, तो मुझे स्पष्ट बताना। मैं अपना कार्यक्रम तदनुसार व्यवस्थित कर लूँगा। हो सकता है मैं भी वहाँ एकाध पेंटिंग कर लूँ, क्योंकि मूड है, इसलिए मैं बाधा नहीं बनूँगा! बस आसपास गीज़रिंग करते हुए! अगर मुझे न्यूयॉर्क से कुछ विशेष पता चलता है, तो मैं हमेशा तुमको गोर्बियो में फ़ोन कर सकता हूँ या केबल भेज सकता हूँ! सब वैसे ही चल रहा है। उर्वशी ने १०वीं कक्षा पास ली

है, आई.सी.एस.ई. और अब आर्ट्स की प्रथम वर्षीय जूनियर कॉलेज में दाख़िल हो रही है। निश्चित रूप से मज़ा आ रहा है! मैंने सोलेंज के बारे में अकबर से नहीं सुना है। कोई अन्दाज़ा? तुमसे सुनने के बाद फिर से लिखेंगे।

मोहब्बत

बाल

एस. एच. रज़ा का पत्र

पेरिस, ५ मार्च, १९८५

मेरे प्रिय बाल
मेरी प्रिय जीत
मेरी प्रिय उर्वशी
लाख-लाख शुक्रिया
मेरा साथ देने के लिए
और मेरी समस्याओं का
तूफ़ान ख़त्म हो गया है
और मुझे आशा है कि तुम
निश्चल जीवन में वापस
सातवें स्वर्ग में होंगे
जानीन के पास
सभी समस्याएँ अब होंगी
लेकिन उसने उन्हें,
स्वयं चाहा था।
लेकिन तूफ़ान ख़त्म हो गया है
मैं अच्छी तरह से काम कर रहा हूँ

सस्नेह

रज़ा

Paris, 5th March 1965 –

My dear Bal
My dear Jeh
My dear Urvashi

A million thanks
for putting up with me
& my problems.

The storm is over,
& I hope you are
back to paisible life
of the 7th heaven.

Janine will have
all the problems
now,
but she asked
for them.

But the storm is over.
I am well & working

Fond love

राम कुमार का पत्र

०७/०३/१९८५

प्रिय रज़ा,

अब तक तुम अपने स्टूडियो में सक्रिय हो गये होगे, लेकिन भारत की तुम्हारी यात्रा के अनुभव अब भी तुम्हारे दिमाग़ में घूम रहे होंगे जोकि बहुत स्वाभाविक भी है। तुम्हारे पेरिस जाने से पहले मुझे तुम्हारा पत्र मुम्बई से मिला था। यह वाकई दुखद है कि हम इस समय नहीं मिल पाये। लेकिन यही जीवन है और हम इसके बारे में भावुक होने के लिये अब बहुत बूढ़े हो गये हैं। किसी भी तरह, मैं तुमसे मिलने और इत्मीनान से बातचीत और विचार विमर्श करने के लिये बेहद इच्छुक था। मैं अक्सर उन लोगों से मिलता हूँ जो तुमसे बॉम्बे में मिले थे और पूर्व-पश्चिम में तुम्हारी भागीदारी के बारे में भी मैंने पेपर में पढ़ा था।

मेरा शो अपेक्षाकृत अच्छी तरह से चला। प्रतिक्रिया बहुत उत्साहजनक थी—विशेष रूप से दिल्ली में, यह अपेक्षाओं से परे थी। अब, फिर से काम करना पड़ेगा ख़ासकर गर्मी के महीनों में यह और भी सम्भव है जब बाहर की गतिविधियाँ लगभग बन्द हो जाती हैं। मैं अगले चार या पाँच महीनों तक वास्तव में ध्यान केन्द्रित करने का इरादा रखता हूँ। मुझे आश्चर्य है कि श्री ट्रॉच ने शो के बारे में पेरिस पहुँचने के बाद क्या निर्णय लिया, समारोह आयोजित करने के लिये जो योजना वो बना रहे हैं।

भोपाल में, समकालीन भारतीय कला का एक शो पाँच को शुरू हुआ और 'कला और पर्यावरण' पर एक सेमिनार भी। मैं नहीं जा सका लेकिन दिल्ली के काफ़ी कलाकार वहाँ गये थे। अभी भी कई लेख E.W.

एनकाउंटर के बारे में प्रेस में छप रहे हैं। इसका बहुत अच्छा प्रचार हुआ है।

जानीन कैसी है? उसके बारे में कोई ख़बर नहीं है?

तुम श्री बार्बियर नामक एक फ्रेंच व्यक्ति से मिले होगे, जिनकी पत्नी जिनेवा में एक गैलरी खोलने जा रही हैं और वो भारतीय कलाकारों को प्रदर्शित करना चाहती हैं। सोचता हूँ कि इसकी उन्हें क्या प्रतिक्रिया मिलेगी। अक्टूबर १९८५ में मुझे सात कलाकृतियों को प्रदर्शित करने के लिये आमन्त्रित किया गया है।

हुसेन मुझसे लगभग डेढ़ महीने से नहीं मिले हैं। इसके बारे में कुछ रहस्य है। गाय ने पिछले हफ़्ते अपने एक गुर्दे को निकलवा दिया क्योंकि वह क्षतिग्रस्त था। वह घर वापस आ गया है लेकिन अभी भी काफ़ी कमज़ोर है। पिछले कुछ महीने उसके लिये काफ़ी बुरे रहे हैं।

चलो हम एक-दूसरे से सम्पर्क बनाये रखें—ख़ासकर जब कुछ महत्त्वपूर्ण बात बताना हो।

सस्नेह।

तुम्हारा अपना

राम

राम कुमार का पत्र

७-४-८५

प्रिय रज़ा,

तुम्हारे बम्बई छोड़ने के बाद का लिखा हुआ मेरा पिछला पत्र तुम्हें मिल गया होगा। दिल्ली में कला के मौसम के समापन के बाद यहाँ जीवन काफ़ी सामान्य हो गया है। मैं समझता हूँ कि सूज़ा कुछ समय से दौरे में रहा है, हालाँकि मुझे उससे मिलने का कोई मौक़ा नहीं मिला है। मुझे पता चला कि कुछ व्यवसायी संगठन द्वारा एक कलाकार शिविर का आयोजन किया गया था, जिसमें कुछ अन्य कलाकारों के साथ, उसने भी भाग लिया।

तुम्हारा परिचित, वो श्री ट्रोच (ग़लत वर्तनी के लिये खेद है) जो पेरिस में संस्कृति मन्त्रालय में काम करता है, उसके साथ मिलकर, भारतीय कलाकारों के शो के लिये सात चित्रों को विस्तृत वार्ता के बाद सम्भावित समावेश के लिये चुना। यह कुछ महीने पहले की बात है। तब से मैंने उससे नहीं सुना है और मुझे आश्चर्य है कि क्या वह अभी भी उन्हें चाहता है। अन्यथा मैं उन्हें अन्य शो के लिये इस्तेमाल कर सकता हूँ। यदि तुम उससे मिलो तो कृपया उससे पूछना।

हम सब यहाँ ठीक हैं। पिछले हफ़्ते कृष्ण के पिता की मृत्यु हो गयी और वह बहुत दुखी था। गुर्दे को हटाने के बाद गाय काफ़ी कमज़ोर हो गया है। बाल कुछ दिनों के लिये भोपाल के बाद यहाँ था और अपने शो के बारे में काफ़ी उत्साहित था। हुसेन भी आया था और उसने मुझे अपने

बहुत ही सफल कलकत्ता के शो के बारे में बताया। तो बस जीवन चल रहा है।

मुझे आशा है कि तुमने अपनी भारत की यात्रा के बाद काम फिर से शुरू कर दिया होगा, हालाँकि भावनात्मक उथल-पुथल के बाद यह हमेशा मुश्किल होता है। तुम्हारे भविष्य के कार्यक्रम क्या हैं?

हमारे दोस्त अशोक वाजपेयी एक कविता समारोह पर विवाद के केन्द्र बन गये, जहाँ उनका आई.सी.सी.आर. से मतभेद हो गया था। कुछ कवियों और लेखकों ने सोचा कि भोपाल त्रासदी के बाद, अशोक को इस कविता समारोह का आयोजन नहीं करना चाहिए था, लेकिन उन्होंने इसे अपने तरीक़े से सोचा और तर्क दिया। लेकिन इसमें भारत भवन के कामकाज के बारे में निराशा के कुछ बीज हैं।

मैं शो के लिये भोपाल नहीं जा सका। कभी-कभी मुझे लगता है कि इन सभी गतिविधियों से दूर रह कर, काम पर ध्यान केन्द्रित करना चाहिए।

जो कुछ भी हो, यह ही जीवन है। जल्द ही लिखना। सस्नेह।

तुम्हारा अपना

राम

राम कुमार का पत्र

५-५-१९८५

प्रिय रज़ा,

तुम्हारे पत्र के लिये धन्यवाद।

मुझे मिशेल ट्रॉश से भी एक पत्र मिला है, उसने मुझे अपने शो, जोकि १५ अक्टूबर से शुरू हो रहा है, में भाग लेने के लिये आमन्त्रित किया है। मैं तुमसे पूरी तरह से सहमत हूँ कि यह एक महत्त्वपूर्ण प्रदर्शनी है और हमें अपने सर्वश्रेष्ठ कार्यों के साथ भाग लेना चाहिए। ट्रॉश जब मेरे स्टूडियो में आये थे, तो उसने मेरे चित्रों को देखने के बाद सुझाव दिया था कि मैं एक पेंटिंग १९६५,१९७०,१९७५ और चार पेंटिंग्स १९८० से १९८५ के बीच में किये गये काम को दिखाना चाहिए। उन्होंने उन पेंटिंग्स का भी सुझाव दिया था। मुझे आश्चर्य है कि इस संग्रह का प्रदर्शन कैसा होगा। मैं गीता की सलाह लूँगा (जो इस शो में उनकी मदद कर रही है) और कृष्ण से भी। मैं ख़ुद से तय करने में असमर्थ हूँ। वास्तव में, ८४, ८५ के सबसे अच्छे कार्यों में से कुछ मैंने रखा है यह सोच कर कि अपने व्यापक संग्रह से पेंटिंग का चयन करने में सक्षम होऊँगा। इसलिए, निश्चिन्त रहो कि मैं इस चयन के लिये कुछ समय समर्पित करूँगा। ऑक्सफोर्ड के लिये यह सम्भव नहीं था क्योंकि अल्काज़ी ने ख़ुद से मेरी स्वीकृति के बिना उन्हें बम्बई से चुना था। तो इस बार, बहुत कुछ एक ही स्थान से होगा और हम इसे तय कर सकते हैं।

कृष्ण रेड्डी यहाँ कुछ दिनों पहले अपने शो के लिये था। मैं उससे कई बार

मिला और हमने कई विचारों का आदान-प्रदान किया। न्यूयॉर्क यूनिवर्सिटी से ग्रे गैलरी का एक और व्यक्ति यहाँ था और उसने बहुत से कलाकारों से मुलाकात की और उनके कामों को देखा। वह हेरविट्ज़ से प्रदर्शन कर रहा है और यदि परिवहन सम्भव हो गया तो भारत से कुछ काम शामिल करेगा। तो केवल यह ही एक नयी ख़बर है। यहाँ लोग बहुत ख़ुश नहीं हैं कि केवल हेरविट्ज़ का संग्रह दिखाया जाना चाहिए, इसके बारे में कुछ आलोचना तो होगी ही।

मैं समारोह के बारे में एक लेख संलग्न कर रहा हूँ। संसद में भी कुछ प्रश्न उठाये गये थे और मुझे लगता है कि अख़बार समारोह के ख़िलाफ़ ही अधिक लेख मुद्रित करेंगे तो यहाँ की स्थिति की तुम कल्पना कर सकते हो।

मैं ठीक हूँ और अब, गर्मियों के दौरान, बहुत सारे काम करना सम्भव है क्योंकि बाहरी भटकाव बहुत ज़्यादा नहीं है। कृष्ण और गाय ठीक हैं और दिल्ली में हैं। गाय ने कुछ काम शुरू कर दिया है। उसकी महिला-मित्र ममता, गाय, तुम्हारे और मेरे ऊपर एक किताब लिखने की योजना बना रही है। वह गाय के सब कार्यों को देखने और उन पर नोट्स लेने के लिये बॉम्बे गयी है। वह एक दृढ़ संकल्पी व्यक्ति है। देखते हैं।

अल्काज़ी यहाँ कुछ दिन पहले थे। वे दिल्ली में एक संस्थान खोलने की योजना बना रहे हैं और दिल्ली के कुछ इलाक़ों में उचित मूल्य पर भूमि आवंटन करने के लिये सरकारी अधिकारियों से बात कर रहे हैं। मैं उनसे मिल नहीं पाया क्योंकि एक दुर्घटना के दौरान मेरे घुटने को चोट लगी थी और मैं एक महीने तक घर तक ही सीमित था। लेकिन वे फिर आयेंगे। उन्होंने इंग्लैण्ड में कम्पनी स्कूल आर्ट एण्ड वाइल्ड लाइफ़ पर लघुचित्रों में दो अद्‌भुत पुस्तकों का सृजन किया है। हुसेन कम ही देखा जाता है; मैंने अख़बारों में पढ़ा है कि वह अपना एक एकल शो लिस्बन में, और पेरिस के समारोह में एक शो करने जा रहा है। मैं हाल में उससे नहीं मिला हूँ।

मैं पिछले एक साल से दिल्ली से बाहर नहीं गया हूँ। मुझे लगता है कि जब तक कुछ मानसिक परिवर्तन की आवश्यकता नहीं होती है, तब तक हमें यात्रा नहीं करनी चाहिए—विशेषकर क्रम पर। मैं गाय और कृष्ण को

छोड़कर किसी से भी नहीं मिला हूँ।

तो हम सम्पर्क में रहेंगे। जब भी कोई नयी सूचना मिलेगी, मैं तुमको बता दूँगा। तो दोनों को प्यार।

सस्नेह

राम

पुनश्च—मुझे नहीं पता कि मुझे शो के लिये पेरिस जाने के लिये आमन्त्रित किया जायेगा, लेकिन अगर ऐसा होता है, तो पेरिस में एक बार फिर पाँच साल बाद जाना अच्छा होगा, और फिर निश्चित रूप से तुमसे मिलने के लिए।

एस. एच. रज़ा का पत्र

पेरिस, ७ दिसम्बर, १९८५

प्रिय राम,

तुम्हें कालिदास पुरस्कार मिलने की ख़बर सुन कर मैं बहुत ख़ुश हूँ। यह प्रतिष्ठित सम्मान तुम्हारे शान्त, विशेष और निरन्तर काम करने का उपहार है। तुम सदा अपने अन्वेषण में लिप्त रहे हो जोकि अपने आप में एक महान सन्तुष्टि है, लेकिन यह और भी उत्तम है यदि इसकी सराहना, उस समाज से आये जिसमें आप निवास कर रहे हैं। तुम्हें निश्चित रूप से अगले साल फ़रवरी में भारत भवन भोपाल में, एक प्रदर्शनी को संकलित करने के लिये कहा जायेगा, जो मुझे आशा है कि मैं भी देख सकता हूँ। इस बीच, यह पत्र तुमको दिल से बधाई देने के लिये है, साथ ही उस समिति को भी जिसने अपनी समझ और अभिज्ञता प्रकट की।

यहाँ समानान्तर चलने वाली तीन प्रदर्शनियों के कारण, मुझे साँस लेने की भी फुरसत नहीं। रु बेय्येर की काफ़ी सराहना की गयी है। यह एक समग्र प्रशंसा है और प्रेस ने इसे बहुत अच्छी तरह से कवर किया है। कई समीक्षाएँ बड़ी और छोटी लिखी गयी हैं, रेडियो और टीवी कार्यक्रम भी, और हम पैतृक कजल् की फ़िल्म का इन्तज़ार कर रहे हैं। लीना नहमियास ने पहले ही २० पृष्ठों की तस्वीरों वाली पुस्तक को छपवा लिया है, जोकि देखने में बेहद चित्ताकर्षी है। और उसे प्रदर्शनी के बाद सभी प्रतिभागियों को भेजा जायेगा। कुछ लेख प्रमुख हैं, अन्य साधारण लेखों का उल्लेख है, लेकिन यह इस शहर के लिये पर्याप्त है जहाँ की प्रेस काफ़ी असुगम है। वैसे भी हमारी यह प्रदर्शनी, इस भारतीय वर्ष की कला आयोजनों में

से सबसे अधिक विवेचनीय है—पीटर ब्रुक्स की 'महाभारत' के बाद। दिल्ली के साथ एक अनुबन्ध में मिशेल ट्रवेह ने १६ दिसम्बर, १९८५ तक प्रदर्शनी को बढ़ा दिया है।

श्रीमती पुपुल जयकर ने पिछले हफ़्ते इस शो का दौरा किया। यहाँ हर कोई प्रभावित हुआ है। 'भारत, यह गतिमान है', वे कहते हैं। मुझे ख़ुशी है क्योंकि मुझे अपने काम में पूर्ण विश्वास था और मैं बार-बार कहता रहता हूँ कि भारतीय समकालीन चित्रकला अत्यन्त महत्त्वपूर्ण है—न केवल राष्ट्रीय सन्दर्भ में, बल्कि अन्तर्राष्ट्रीय सन्दर्भ में भी। लन्दन में सफलता के बाद, यहाँ हमें पेरिस में भी सराहना मिली और न्यूयॉर्क और वाशिंगटन की अगली प्रदर्शनियों में राय बनाने के लिये इसकी एक महत्त्वपूर्ण भूमिका होगी। यह अच्छी शुरुआत है, लेकिन मुझे पूरा भरोसा है कि यह और भी होगा यदि हम अपनी सर्वोत्तम कृतियों को संग्रह करके इन्हें प्रस्तुत करें। 'भारतीय समकालीन पेंटिंग्स आज के भारत के सबसे महत्त्वपूर्ण पहलुओं में से एक है'—मैंने बार-बार यह कहा है।

मैं भारतीय व्यापार प्रदर्शनी में मक़बूल हुसेन से टकरा गया, जहाँ वह एक बड़ा पैनल कर रहा है : कुछ ४ × १० मीटर, जिसे वह नौ को, हेर्वित्ज् संग्रह की प्रदर्शनी में भाग लेने के लिये न्यूयॉर्क जाने के तीन दिन पहले ख़त्म करने की उम्मीद कर रहा है। ग्रे गैलरी की प्रदर्शनी अच्छी तरह से आयोजित की गयी है, कैटलॉग आदि के साथ, और जो निश्चित रूप से ध्यान आकर्षित करेगा। मुझे भी इसका निमन्त्रण मिला है, मेरी रंगीन पेंटिंग के साथ, और मुझे आमन्त्रित करने के लिए, निदेशक से एक टेलीग्राम भी, लेकिन अफ़सोस है कि मैं वर्तमान में पेरिस छोड़ने में असमर्थ हूँ...अपनी आने वाली भारत यात्रा के कारण भी...इंशाल्लाह!

मेरी हुसेन के साथ लम्बी बातचीत हुई, हमने दोपहर का भोजन साथ किया और मैं उसे रु बेय्येर के शो में ले गया और गैलरी पाराट की प्रदर्शनी में भी जहाँ मैं अपने ३५ कैनवस 'चित्रकला के १५ साल' १९७१ से १९८५ तक दिखा रहा हूँ। मेरा वर्तमान काम किसी को भी तटस्थ नहीं करता है, लेकिन हमारा फ़िलहाल, पेंटिंग के प्रति दृष्टिकोण कितना अलग है, हुसेन अपने सजावटी पैनल से बाहर आ रहा है—'घोड़े और महिलाओं के साथ', जो कितना विचारशील और शान्त प्रतीत होता है।

वैसे हमारा समय बहुत अच्छा बीता, और मुझे उसे अपने नवीनतम कामों को दिखाने में प्रसन्नता हुई, वैसे भी जिनका, जनता और प्रेस दोनों ने गर्मजोशी और उत्साह से अभिनन्दन किया।

ट्रोच और सी.एन.ए.पी. का शुक्रिया अदा करने के लिए, मैं १६ को प्रदर्शनी बन्द होने से पहले, शनिवार १४ को कलाकार लीना और रायसा के साथ एक पार्टी दे रहा हूँ। लेकिन इन प्रदर्शनियों के शुरू होने का पहला दिन, यात्राएँ इत्यादि से अधिक तकलीफ़देह कुछ भी नहीं है। और मैं काम दुबारा शुरू करने के लिये व्याकुल हूँ।

इसके अलावा, जैसा मैंने तय किया है, मैं २३ जनवरी, १९८६ को सीधे दिल्ली आने के लिये आतुर हूँ। मुझे आशा है कि मेरा टिकट, समय पर आ जायेगा, जिससे मेरे पास कुछ साँस लेने की जगह हो, मुम्बई और मण्डला और फिर १० दिनों के लिये १४ को दिल्ली वापस आने के लिए।

आज के लिये बस इतना ही। लिखना ज़रूर। एक बार फिर, विमला और तुम्हें प्यार और शुभकामनाएँ।

सदैव तुम्हारा,

रज़ा

एस. एच. रज़ा का पत्र

१८ दिसम्बर, १९८५

मेरे प्रिय बाल,

मुझे उम्मीद थी कि तुम न्यूयॉर्क प्रदर्शनी में भाग लेने पेरिस के रास्ते से आओगे। इसके बजाय, मैं मक़बूल से टकरा गया जो न्यूयॉर्क जा रहा था और, जिसे पेरिस में एक व्यावसायिक मेले के लिये तीन दिनों में एक बड़ी पेंटिंग—'दांडी मार्च' करना नियत था। हमने एक साथ दोपहर का भोजन किया और मैंने उसे अपनी दो प्रदर्शनी दिखायीं। वह अब भी वैसे ही है, सदा चौकस और कम्पन के साथ। भारत की ख़बरों को सुनना अच्छा था।

तुम्हारे पत्र या समाचार के बिना, मैं फिर से लिख रहा हूँ। तुम भाई के स्वास्थ्य में व्यस्त हो। मुझे लगता है कि तुम्हारे पास वर्तमान में सभी प्रकार की जिम्मेदारियाँ हैं और मैं तुम्हारी ख़ामोशी को समझता हूँ। जो भी हो, यह पत्र मैं तुम्हें यह सूचित करने के लिये लिख रहा हूँ कि मैं फिर आ रहा हूँ और इस बार दिल्ली त्रिनाले के अमन्त्रण पर। मैं २३ जनवरी, १९८६ को दिल्ली आ रहा हूँ और मैं ५ दिनों के लिये रशना इम्हास्ली के साथ वहाँ रहूँगा। वे दिल्ली में मेरी किताब को फ़रवरी में अपने घर में एक रिसेप्शन में पेश करने की योजना बना रहे हैं और ख़ुर्शीद शेड और केकू भी वहाँ रहेंगे। मेरा मध्यम आकार के कुछ चित्रों को लाने का इरादा है जिन्हें वहाँ इस अवसर पर दिखाया जा सकता है। मैं तुम्हारी पेंटिंग 'माँ' को लाने के बारे में भी सोच रहा हूँ, लेकिन यही कारण है कि मैं झिझक रहा हूँ। इसके अलावा मैं दिल्ली में अपना सामान हटा दूँगा। मुझे पता है कि काफ़ी देर हो गयी है, लेकिन मैंने इसका यहाँ अच्छे से प्रदर्शन किया है। यदि तुम इसे

अभी चाहते हो, तो मैं इसे लाऊँगा। लेकिन कृपया मुझे बताओ।

फ्रांस में टेलीफ़ोन नम्बर थोड़े से बदल दिये गये हैं मेरा ४ नम्बर पुरानी संख्या में जोड़ा गया है इसे नोट करो : ४३.७०.९७.६४।

यहाँ की प्रदर्शनी अच्छी से चली। मेरे कार्यों पर काफ़ी अच्छी प्रतिक्रियाएँ रहीं इस कठोर और दु:साध्य दुनिया में, मैं तुम्हें इनकी समीक्षाओं को बाद में भेजूँगा। अमृता, राम, अकबर, चौधरी और पूरी प्रदर्शनी। अब मैं न्यूयॉर्क से ख़बर का इन्तज़ार कर रहा हूँ और आख़िर में वापस आकर एक महीने आराम करने की योजना बना रहा हूँ। मैं एक सप्ताह या दस दिनों के लिये बॉम्बे आना चाहूँगा, २८, २९, ३० जनवरी के आस-पास (इसकी पुष्टि बाद में करूँगा) और फिर मैं अपने देश मण्डला, नर्मदा—और शायद भोपाल १३ फ़रवरी को कालिदास सम्मान के लिये राम का स्वागत करने जाऊँगा। मुझे १४ से २२ फ़रवरी को फिर दिल्ली में रहना होगा—इस बार बीएन्नाले के मेहमान के रूप में और २३ फ़रवरी को मैं पेरिस वापस उड़ जाऊँगा।

अफ़सोस, फिर से, जानीन मेरे साथ नहीं आयेगी, उसकी माँ को हर समय उसकी ज़रूरत है—हालाँकि वह अभी भी अपने ख़ुद के अपार्टमेंट में ही रहती है और अच्छी है।

अब समस्या है—मुम्बई में रहने की? जैसा कि तुम देख रहे हो, मैं अब एक सालाना मुसीबत बन गया हूँ!!! तो मेरा सुझाव है कि मैं उसी क्लब में रहने की कोशिश करूँगा जहाँ पिछली बार महमूद और राम रुके थे। लेकिन मुझे नहीं पता कि क्या वह उपलब्ध हो सकता है? क्या मुझे शालिमार में एक कमरा मिल सकता है जो एक व्यावहारिक समाधान होगा? बॉम्बे में मुझे कई कार्य करने हैं। तो कृपया इसे सोचो और मुझे बताओ कि क्या मुझे इस बार तुम्हारी पेंटिंग लानी है या नहीं?

क्या तुम्हारे पास तैयब की कोई ख़बर है? लक्ष्मण और सुनीता गोर्बियो में आये तो थे लेकिन उसके बाद से उनसे कोई समाचार नहीं मिला है। जीत और उर्वशी कैसे हैं? मुझे पता है कि तुम नहीं लिखोगे, लेकिन फ़ोन तो कर ही देना।

सदैव

रज़ा

राम कुमार का पत्र

प्रिय रज़ा,

मुझे क्षमा करना, मैं तुमको पहले नहीं लिख पाया, हालाँकि मैंने लिखने के विषय में कई बार सोचा। जिनेवा और पेरिस में मेरे २५ दिनों के बाद, कुछ दिनों तक मुझे लगा कि दिल्ली में मैं अकेला हूँ। इस बार, पेरिस और जिनेवा की मेरी यात्रा बहुत ही विशिष्ट थी और मुझे बिलकुल घर जैसा महसूस हुआ।

दिल्ली में वापस आने के बाद, मुझे अन्य शहरों से कला जगत के बहुत सारे लोग मिल गये। केकू, खुर्शीद, शेख, स्वामीनाथन इत्यादि। मैं केकू से कई बार मिला और उसे तुम्हारे सभी समाचार दिये। एक शाम उसने हमारे साथ कुछ अन्य लोगों को रशना के घर आमन्त्रित किया जोकि यूरोप से आ गयी थीं। उसने मुझसे कहा कि उसने तुमसे फ़ोन पर बात की थी। केकू की कई योजनाएँ हैं और मुझे आश्चर्य है कि उनमें से कितनी अमल होंगी। वह अगले महीने फिर से दिल्ली आ रहा है। वह फ़रवरी में तुम्हारी पुस्तक का लोकार्पण करने की योजना बना रहा है।

मेरे पास पेरिस शो की कोई ख़बर नहीं है। यदि तुम कुछ पंक्तियाँ लिख सकते हो तो यह अच्छा होगा। कोई समीक्षा? पेरिस में अपने ख़ुद के शो में तुम काफ़ी व्यस्त होगे, वो शायद हाल ही में शुरू हुआ है। मुझे इसके बारे में बताना। इस बार हमारे पास एक-दूसरे से मिलने का मौक़ा नहीं था, लेकिन हम फ़रवरी में मिल सकते हैं। कृष्ण तुमको त्रियन्नाले की सभी घटनाओं के बारे में सूचित कर रहा है। तुमको सम्भवतः यह पता होगा कि हमारी पीढ़ी के किसी भी कलाकार को प्रदर्शनी के लिये आमन्त्रित नहीं किया गया है—इसका कारण है कि हम लोगों ने पहले ही त्रियन्नाले

19. [illegible]

Dear Raza,

I am sorry, I could not write to you earlier though I thought several times to do it. After my 25 days stay in Geneva and Paris, I felt like being all alone in Delhi for a few days. This time my stay in Paris and Geneva was very pleasant and I still live in their memories. Specially 10 days in Paris were very unique and I felt very much at home.

Back in Delhi I found a lot of people from the Art world from other towns in Delhi. Kekoo and Khorshed, Sheikh, Swaminath etc. I met Kekoo a lot and gave him all your news. One evening he invited a few of us at Rashna's place who had just arrived from Europe. She told me that she talked to you on phone. Kekoo has several plans and I wonder, how many will materialise. He is coming to Delhi again next month. He is planning about the launching of your book also in Feb.

I have no news of Paris show. If you could write a few lines, it will be nice. Any reviews? You must be quite busy with your own show in Paris which must have opened recently. Do let me know about it.

This time we did not have much chance to see each other but we can do it in Feb. I hope, Krishen is keeping you informed about all the developments of Triennale. You may be knowing that none of the Artists of our generation has been invited to exhibit – the reason being that we have already shown in Triennales and others should be given a chance. Fair enough.

This month has been terribly busy with several shows, Octavio Paz visit with receptions and speeches, Head of the Visual Arts of the British Council is here, and by the end of Nov. Barbieres of Geneva and Tom Keehn are arriving. Very tiring and time consuming.

I am trying to start work again, which is not very easy.

I met Krishen, Gai, Mrinalini Mukherjee, Arpita etc. and told them about our Paris show. I wrote a letter to Troche thanking him for his hospitality.

Kekoo is planning a small show of yours on the book launching occasion and he asked me if I would lend your painting.

How's Janine? Has she finally decided not to come to Delhi?

Delhi's weather is wonderful these days.

Do write, even if it is a brief letter. Love.

Yours –

Ram

में अपनी पेंटिंग्स प्रदर्शित कर ली हैं और अब दूसरों को भी मौक़ा मिलना चाहिए। उचित ही है।

यह महीना कई शो के कारण काफ़ी व्यस्त रहा है, स्वागत समारोह और भाषणों के साथ ओक्टोवियो पाज़ की यात्रा, ब्रिटिश काउंसिल के विज़ुअल आर्ट्स के प्रमुख यहाँ हैं, और नवम्बर के अन्त तक, जिनेवा के बर्बिएर्स और टॉम कीकू यहाँ आ रहे हैं। बहुत थकाऊ और समय बर्बाद करने वाले।

मैं फिर से काम शुरू करने की कोशिश कर रहा हूँ, जो बहुत आसान नहीं है।

मैंने कृष्ण, गाय, मृणालिनी मुखर्जी, अर्पिता आदि से मुलाकात की और अपने पेरिस शो के बारे में उन्हें बताया। मैंने ट्रॉच को उसके आतिथ्य के लिये धन्यवाद का एक पत्र लिखा है। केकू पुस्तक लोकार्पण के अवसर पर तुम्हारा एक छोटा सा शो करने की योजना बना रहा है और उसने मुझसे तुम्हारी पेंटिंग भी माँगी हैं।

जानीन कैसी है? क्या अन्ततः उसने दिल्ली नहीं आने का फ़ैसला कर ही लिया है? दिल्ली का मौसम इन दिनों बहुत सुहाना है।

लिखो, भले ही वह एक संक्षिप्त पत्र हो। सस्नेह।

तुम्हारा,

राम

बाल छाबड़ा का पत्र

मेरे प्रिय रज़ा और जानीन,

मैं चाहता हूँ कि तुम पोप्दी के से मिलो!–'कल्तिएरेसी बत्स' पोप्दी अ ला कार्ट आदि। बाल–परिचय के लिये इससे बेहतर कोई शब्द नहीं कहा जा सकता है।

वह कुछ महीने के लिये अहमदाबाद में गुणवन्त मंगोलदास के परिवार के साथ रही है अमेरिका और भारत के किसी सांस्कृतिक आदान–प्रदान के तहत और फिर गीज़र का आगमन होता है!!

मुझे 'संस्कृति' नामक शब्द का अता–पता नहीं है लेकिन हम सदा के लिये दोस्त बनने के लिये मिले। और मुझे पता है कि तुम उसके साथ वैसे ही मृदुल रहोगे जैसे तुम मेरे साथ रहे हो जब वो कुछ दिनों के लिये पेरिस में होगी। मैं उसके साथ रेशमी साड़ी भेज रहा हूँ जो शायद तुम अपने भाई की पत्नी या किसी और को देना चाहते थे। मुझे वह साड़ी बहुत पसन्द आयी और अगर जानीन को वो पसन्द आये, तो उसे अपने लिये रखने देना और मैं तुम्हारे भाई के लिये दूसरी भेज दूँगा।

मुझे आशा है कि तुम पहले ही मेरे दो पत्र प्राप्त कर चुके हो और विस्तार से सब कुछ की जानकारी मुझे लिखना। मैंने पिछले ९ महीनों में एक बड़ी पेंटिंग पूरी कर ली है और यह बहुत अच्छी बनी है। मैं चाहता हूँ कि तुम उसे अवश्य देखो। कृष्ण खन्ना और गाय इसके बारे में फ़तांग हैं। तुमने और जानीन ने बहुत सारे काम किये होंगे, मैंने अभी तक अकबर को नहीं लिखा है, लेकिन अब शीघ्र ही लिखूँगा। लिखो और मेरे लिये पोप्दी की देखभाल करना।

बाल

बाल छाबड़ा का पत्र

मेरे प्रिय रज़ा,

मुझे यक़ीन है कि तुम्हें मेरा रिट्ज से लिखा हुआ अ ला फतांग फतांग वाला पत्र मिल गया होगा।

क्या तुमने इसे महसूस किया?? काश मैंने इसकी एक प्रति बना ली होती। यह दिलचस्प लग रहा था।

अन्ततः, मैंने दे बूज़ार्ट आर्ट्स के निदेशक को पेरिस की प्रदर्शनी के सन्दर्भ में एक पत्र लिखा। इसकी एक प्रति संलग्न है। मुझे आशा है कि यह बुरा नहीं है और आवश्यक कार्य के लिये पर्याप्त होगा। मैं सोच रहा हूँ कि इन सब दिनों में तुम्हें किसी तरह दे बूज़ार्ट आर्ट्स की निदेशक मैडम फ़ोरजें से मिलने का मौक़ा मिला क्या? लेकिन शायद नहीं क्योंकि तुमने मुझे अभी तक नहीं लिखा है। मुझे लगता है कि यह बहुत अच्छा होगा कि इस पत्र के मिलने के दो-चार दिन के अन्दर यदि तुम उनसे मिल लेते, सेक्रेटरी को फ़ोन करके पता करो कि क्या उन्हें हमारी प्रदर्शनी के लिये पत्र मिला है कि नहीं और क्या उन्होंने इसके लिये कोई तिथि निर्धारित की? तुम्हें थोड़ा परेशान कर रहा हूँ उसके लिये मुझे माफ़ करना लेकिन तुम मेरे मालिक हो, इसलिए जाओ! इसकी पुष्टि होने के बाद ही मैं सही तरीक़े से शो को व्यवस्थित करने के लिये कड़ी मेहनत करूँगा।

तुमको अकबर के द्वारा मेरी गैलरी '५९ को एक ग़ैर-लाभकारी आधार पर चलाने के विचार का पता चल गया होगा। ठीक है, वैसे भी जब से मैं पेरिस से वापस आ चुका हूँ, मैंने जो बिक्री की है, मैंने गैलरी के लिये केवल १५% का शुल्क लिया है। चूँकि मेरा मानना है कि सभी ग़ैर-

व्यावसायिक संगठनों को नाममात्र राशि लेनी चाहिए ताकि संगठन का काम चल सके। मुझे लगता है कि इसका मुझे तुमसे और अकबर से अनुमोदन लेना होगा। मैं अकबर को विस्तार से इसके बारे में लिखूँगा, जो मैंने अभी तक अपने मूर्खतापूर्ण मूड के कारण नहीं किया है, बिल्कुल।

बाल

पुनश्च—मुझे जल्दी लिखना और बताना कि तुम और जानीन स्टाइल में फतांगिंग कर रहे हो अ ला परीस और इण्डियन अ ला कार्ट!

पुनश्च—मुझे आशा है कि अकबर ने तुमको तुम्हारी प्रदर्शनी के केबल को भेजने के बारे में बताया होगा। मुझे अब भी ग्लानि है। ख़ैर! मैंने सुना है कि शो बेहद भव्य था और काफ़ी बिक्री हुई। मैडम विंसी और पोप्दी को मेरा प्यार।

तैयब मेहता का पत्र

१८०, गोल्डन ग्रीन रोड
लन्दन, एन.डब्ल्यू. II

मेरे प्रिय रज़ा,

मैं अब लगभग एक महीने से लन्दन में हूँ। मुझे अफ़सोस है कि मैं तुम्हें बम्बई से नहीं लिख सका। सितम्बर में गैलरी '५९ में मेरे चित्रों, मूर्तियों के चित्र और लिथोग्राफ़ का आयोजन और प्रदर्शनी हुई थी। यह एल्क द्वारा खोला गया था और सभी पहलुओं पर काफ़ी सराहा गया।

मैंने यहाँ एक गैरेज किराये पर ले लिया है जहाँ मैं अपना काम करने की सोच रहा हूँ। मैं पॉलिटेक्निक से भी जुड़ गया हूँ और मैंने दो लिथोग्राफ़ किये हैं। यदि वे अच्छी तरह बन जाते हैं तो मैं तुमको उनके प्रिंट भेजने की कोशिश करूँगा।

यहाँ का जीवन बम्बई के जीवन से, जिसे मैं जानता हूँ, बहुत भिन्न है। यह अधिक शैक्षिक और सूचनात्मक है। दूसरी तरफ़ का नुकसान यहाँ का सतही कला बाज़ार है जो औसत दर्जे के कलाकारों को प्रायोजित करते हैं। जैसा भी है मैं यहाँ कम से कम पाँच साल के लिये बस जाऊँगा, जो निश्चित रूप से मेरे काम के लिये बहुत अच्छा होगा। मेरी पत्नी और यूसुफ़ जल्द ही मेरे पास आ जायेंगे।

मैं इस पत्र के साथ अपनी हाल की पेंटिंग की तस्वीर और थियेटर यूनिट बुलेटिन के एक अंक को संलग्न कर रहा हूँ। तुम्हारे और तुम्हारे काम के बारे में क्या ख़बर है?

180, Golders Green Rd.
London. N.W. 11.

My dear Raza.

I am now in London for almost a month. I regret I could not write to you earlier from Bombay. In September Gallery '57 had organised ~~my~~ an exhibition of my paintings, sculptures, drawings and lithographs. It was opened by Elk. and was received well on all account.

I have now rented a garage here where I intend to do my works. I have also joined Polytechnic ~~~~ and have done two lithographs. Shall try to send you the prints if they come out well.

Life here is different from the one we knew in Bombay. It is more educating and informative. On the other hand the disadvantage here is the superficial art market which sponsores majority of mediocres. All the same I shall settle down here for the minimum of five years which I am sure will do lot of good to my work. My wife and Yusuf should be able to join me soon.

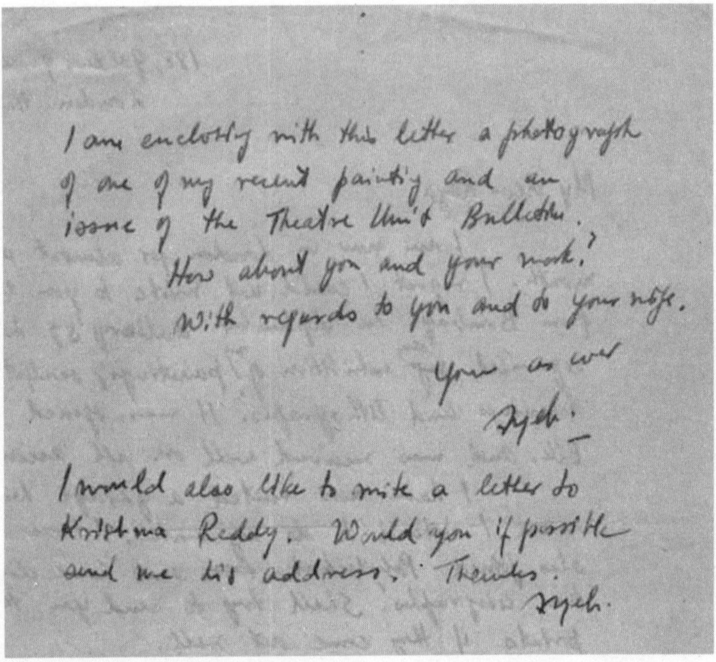

I am enclosing with this letter a photograph
of one of my recent painting and an
issue of the Theatre Unit Bulletin.

How about you and your work?

With regards to you and to your wife.

Yours as ever

Syed—

I would also like to write a letter to
Krishna Reddy. Would you if possible
send me his address. Thanks.

Syed.

तुम्हें और तुम्हारी पत्नी को शुभकामनाएँ।

सदैव तुम्हारा

तैयब

मैं कृष्ण रेड्डी को एक पत्र भी लिखना चाहता हूँ। यदि सम्भव हो तो मुझे उसका पता भेजना। धन्यवाद।

रामकुमार का पत्र

२६ जनवरी १९८१

प्रिय रज़ा,

सबसे पहले मेरी बधाई स्वीकार करो। आज सुबह जब पद्मश्री की सूची में तुम्हारा नाम पढ़ा तो मेरी खुशी की सीमा न रही। ऐसे तो इस तरह के सम्मानों का तुम्हारी ज़िन्दगी में कोई महत्त्व नहीं रहा लेकिन इस तरह की छोटी-छोटी ख़ुशियाँ ज़िन्दगी को अधिक सार्थक बना देती हैं और भी कि तुम्हारी ज़िन्दगी की मेहनत को दुनिया स्वीकार करती है। बहरहाल, बहुत अच्छा लगा।

तुम्हारा पत्र कुछ दिन पूर्व ही मिला था और मैं कई कारणों से तुम्हें पत्र लिखने का इच्छुक था क्योंकि ढेर सी इतनी बातें जमा हो गयी थीं जिनमें तुम्हें दिलचस्पी है। समझ में नहीं आता कि कहाँ से रामायण की पटकथा शुरू करूँ। सबसे पहले तो समाचार ही लो। कलकत्ता में प्रदर्शनी अच्छी रही। मुझे भी दो सिववते में अपने ७५ चित्र देखकर अजी सा लगा। पदर्शनी में चित्र लगार सदा मुझे निराशा ही होती है। जो चित्र स्टूडियो में रखे अच्छे लगते हैं, दीवार पर लगाकर कमज़ोर जान पड़ते हैं। लेकिन कलकत्ता में ऐसा महसूस नहीं किया। बिड़ला साहब ने घर पर बुलाया, बहुत आदर सम्मान दिया। प्रदर्शनी देखने अन्य लोगों के अलावा सत्यजित रे भी थे। खैर, यह समझो कि कलकत्ता के लोगों ने इसे काफी महत्त्व दिया। मैं १० दिन रहकर लौट आया। मैंने तुम्हारा नाम बिड़ला अकादेमी के मन्त्री को दिया था बड़ी प्रदर्शनी के लिए। अब शायद Triennale के वक़्त तुम भारत आओ, Padamshri लेने के लिए तो यदि कलकत्ता में

प्रदर्शनी करना चाहते हो, तो मैं उन्हें लिख दूँ। फिर दिसम्बर में Alkazi ने दिल्ली में अपनी गैलरी में एक बड़ी प्रदर्शनी की जिसमें १८ चित्रों के अलावा 40 acrylic on paper भी प्रदर्शित किया। वह भी सफ़ल रही। ख़ैर छोड़ो, तुम समझोगे कि मैं अपनी राम कहानी ही तुम्हें सुनाने बैठ गया। Triennale के बारे में मैं भी इस बार चित्र देने की सोच रहा हूँ। दूसरों का पता नहीं पर मेरे मन में कुछ संकोच है जिनके बारे में रिचर्ड से बात करूँगा, तब पता चलेगा कि ५० नामों की इस सूची में हुसेन, सुब्रह्मण्यन्, भूपेन खख्खर, सोमनाथ होर आदि के नाम किन कारणों से नहीं हैं। ऐसे मुझे लगता है कि जैसे हमारे चित्रों में से काफ़ी लोग इस बार अपना सहयोग देंगे। लेकिन तुम अवश्य भाग लेना। एक बड़ी दिलचस्प घटना ५ जनवरी को ढाका में एक एशियाई चित्रकला प्रदर्शनी का आयोजन हुआ जिसमें भारत ने भी भाग लिया और मुझे एवं हुसेन को जाने का निमन्त्रण दिया। मेरे उत्साह की तो सीमा न थी। किसी कारण से हुसेन नहीं गये, केवल मैं गया। वहाँ पाकिस्तान से अली इमाम आये थे। उन्होंने पहली ही भेंट में ही गले लगाया और आठ दिन तक हम लोग एक ही होटल में रहे। उनसे बहुत बातें हुई। ढाका के बाहर इतना सुन्दर landscape, चौड़ी नदियाँ जिन्हें स्टीमरों से पार किया और बहुत ही भले लोग और बहुत प्रभावशाली युवा कलाकार। यहाँ सब ठीक है। अभी बम्बई में Alkazi ने अकबर की एक Retrospective Exhibition ७० चित्रों की जो बहुत सफल रही। मैं तो जा नहीं सका लेकिन ख़बरें बड़ी उत्साहजनक थी। कृष्ण Pundole Gallery में अपनी प्रदर्शनी करने बम्बई गया है। तैयब के ख़त से पता चला कि वह एक feature film बनाने के चक्कर में है। गायतोण्डे की प्रदर्शनी बम्बई में मार्च में होगी।

तुम पत्र लिखने में बहुत आलसी हो। मेरे विचार में तुम अँग्रेज़ी में लिखा करो, हिन्दी में तुम्हें शायद ज़्यादा वक़्त लगता है और तुम अपनी बात उस ढंग से कह भी नहीं पाते।

नये वर्ष की मुबारिक तुम दोनों को। यह जानकर ख़ुशी हुई कि अब कोपेनहागेन में तुम लोगों की प्रदर्शनी हो रही है।

अशोक जब दिल्ली आते हैं तो मिल लेते हैं। वे बहुत व्यस्त आदमी हैं और मैं उनका उलटा जिसके पास वक़्त ही वक़्त है।

अच्छा जवाब जल्दी देना। प्यार तुम दोनों को।

मैं तुमसे सहमत हूँ कि कलकत्ता का catalogue इससे बेहतर बन सकता था लेकिन मैं दिल्ली में रहकर उनको कैसे guide करता।

Alkazi ने अकबर की प्रदर्शनी पर बहुत सुन्दर Catalogue निकाला है।

राम

रामकुमार का पत्र

१४ अक्टूबर १९८१

प्रिय रज़ा,

तुम्हारा कार्ड मिला।

मैं कई दिनों से तुम्हें पत्र लिखने की सोच रहा था लेकिन ख़ाली होते हुए भी आलस्यवश नहीं लिख सका। ऐसे यह भी नहीं जानता कि तुम्हें यहाँ की घटनाओं में कितनी दिलचस्पी होगी।

लेकिन एक ख़बर ज़रूर देना चाहूँगा। नहीं जानता कि तुम्हें इस विषय में कुछ पता चला या नहीं। पिछले एक महीने के दौरान भोपाल में अशोक को लेकर मध्य प्रदेश में काफ़ी बड़ा झगड़ा खड़ा हो गया। राजनीतिक स्वार्थों की आड़ में मुख्यमन्त्री के विरुद्ध उन्हीं की पार्टी के कुछ सदस्यों ने विधानसभा में अशोक को Target बनाकर मुख्यमन्त्री को नीचा दिखाने की कोशिश की। संक्षेप में उनकी सांस्कृतिक नीतियों, उनके व्यवहार, उनके अफ़सराना attitude पर बहुत कीचड़ उछाली गयी, हम सबने एक petition पर हस्ताक्षर करके अशोक का समर्थन किया। लेकिन सारा वातावरण बदल सा गया, फ़िलहाल तो यह लहर दब गयी है लेकिन फिर कभी भी उभर सकती है। तुम अशोक को एक पत्र लिख देना।

कला जगत् में भी काफ़ी रौनक हो रही है। लन्दन में दो-तीन बड़ी प्रदर्शनियों का आयोजन, हांगकांग में नवम्बर से १२ भारतीय चित्रकारों की एक प्रदर्शनी—जिसमें मैं भी एक सप्ताह के लिए जा रहा हूँ।

दोस्त सब ठीक हैं। अकबर यहीं हैं आजकल एक कमेटी की मीटिंग के

सिलसिले में। हुसेन भी मिलते रहते हैं। मैं ठीक हूँ। जून में वाराणसी गया था, तो उसी पर आधारित कुछ चित्र बना रहा हूँ।

कोपेनहेगन की प्रदर्शनी के बारे में लिखना।

अच्छा जानीन को प्यार।

राम

रज़ा का पत्र

पेरिस
१८ मार्च १९८२

प्रिय राम,

मेरा पिछला ख़त एक सफ़ेद काग़ज़ था। इसकी सफ़ेदी इतनी सुन्दर लगी कि बेकार लगा कि उसे अपने ख़्यालातों से गन्दा करूँ।

तुम्हारे ख़त का इन्तज़ार रहा है। मालूम हुआ कि भारत भवन के उद्घाटन में तुम भोपाल गये थे उम्मीद थी कि तुम समाचार दोगे मेरी मसरूफ़ियत यहाँ कुछ ऐसी रही है कि मैं न आ सका। इसका बेहद अफ़सोस है। मध्य प्रदेश के लिए यह घटना बहुत महत्त्वपूर्ण थी। मुझे ख़बरे मिलती रही है, पर तुम्हारे खुद के विचारों को जानने की इच्छा थी। रूपंकर संग्रह कैसा है, आदिवासियों की कलाकृतियाँ, यह नया म्यूज़ियम और सब मित्रों के साथ भोपाल में मिलना एक नयी अनूभूति ही होगी।

भाग्य से अशोक परदेश में है, और आशा है वहीं रहेंगे। अब तो बुराई करने वाले ख़ामोश हो गये होंगे।

और लिख सकोगे 'दिल्ली ट्रीयानाल' के बारे में जो १५ मार्च को शुरु होने वाला था। रिचर्ड के इसरार से ही मैंने दो नये और काफ़ी बड़े चित्र भिजवाये थे—२६ फ़रवरी को, हवाई जहाज से। अभी तक पता नहीं कि वे समय पर आये या नहीं। अफ़सोस है कि देश में हर मामूली कार्य एक जटिल समस्या बन जाती है।

हमारी व्यस्तता की हद नहीं। इस साल चित्र कम हैं निमन्त्रण अधिक।

दिल्ली के बाद स्टॉकहोम, सलों द मे, प्रीवा, फिर एक एलबम ग्रेनेबल में, एकल प्रदर्शनी बर्न में अक्टूबर में। जानीन आस्लो में अप्रैल में। नार्वे से भी माँग काफ़ी है। शायद अब ज़िन्दगी शुरू हो रही है। पर फ़िलहाल डट कर काम करना है।

फ्रांस में कठिनाइयाँ बहुत हैं। सोशियलिस्ट सरकार के साथ सभी को जो यहाँ रहते हैं। ख़ज़ाना ख़ाली है, फ्रेंक कमज़ोर है, मज़दूर, किसान और अवाम को ज़िन्दगी को बढ़ती हुई क़ीमतों से और भी बेचैनी। फिर भी ये कठिनाइयाँ केवल इस मुल्क की ही नहीं सारी दुनिया में आज छायी हुई हैं। कलाकारों के लिए बड़े-बड़े प्रोग्राम बनाये जा रहे हैं और कला बाज़ार की हालत इतनी ख़राब कभी न थी। हो सकता है कि एक दिन आयेगा कि पूर्व के देशों की तरह चित्रकारों को भी माहवारी तनख़्वाह मिलेगी ताकि वे ज़िन्दा रह सकें, पर डर यही है कि इससे लाज़िमी तौर से दूसरी शर्तें साथ आती हैं।

फ़िलहाल यही देखना है कि कल फ्रांसीसी किस तरह वोट देंगे।

अच्छा रामजी, इतनी ख़बर हमारी। अब अपना समाचार दें। और भोपाल, बम्बई और दिल्ली का। यह भी बताना कि मेरे दो चित्र तुम्हें कैसे लगे? और क्या वह समय पर पहुँच सके? कैसे हो—क्या प्रोग्राम है, लन्दन और ऑक्सफोर्ड में चित्र भेज रहे हो?

तुम्हें, विमला को बहुत याद और स्नेह से

रज़ा

७३ रामकुमार का पत्र

रामकुमार का पत्र

२२ मार्च ८२

प्रिय रज़ा,

कुछ दिन पूर्व तुम्हारा ख़ाली पन्ने का पत्र मिला था। इधर कई दिनों से तुम्हें लिखने की सोच रहा था लेकिन व्यस्तता के कारण टालता रहा लेकिन अब Triennale में तुम्हारे दो नये चित्रों को देखकर इतनी ख़ुशी हुई कि पत्र लिखने का मोह छोड़ नहीं सका। सभी लोगों को तुम्हारा काम बहुत अच्छा लगा। बाल, गाय, कृष्ण सबने सहारा। सबसे अधिक प्रशंसा गायतोण्डे ने की जो प्रायः चुप ही रहता है। लेकिन तुम्हारे चित्रों की चर्चा होने पर उसने बिना किसी झिझक के दिल से तारीफ़ की तो मैंने सोचा कि तुम्हें यह ख़ुशख़बरी सुना दूँ। बाल तो बड़ा चित्र खरीदने की भी सोच रहा है। वह तुम्हें बम्बई जाकर फ़ोन करेगा।

आजकल काफ़ी कलाकाकर मित्र बाहर से आये हुए है। बाल के कारण और भी सबसे मिलना पड़ता है। लेकिन इस बार भी भारत में पुरस्कार किसी अज्ञात चित्रकार ब्रह्म प्रकाश को मिला है। Jury में शंखो चौधरी भारतीय सदस्य थे। कुल मिलाकर भारतीय प्रदर्शनी और अन्तर्राष्ट्रीय प्रदर्शनी का स्तर काफी ऊँचा जान पड़ा।

भोपाल में भी भारत भवन के उद्‌घाटन के समाचार तुम्हें मिले होंगे। वहाँ भी सब चित्रकार आये हुए थे। मैं चार दिन रहा। बहुत अच्छा अनुभव था। अशोक की जितनी प्रशंसा की जाये, वह कम। अख़बारों, रेडियो, टेलीविज़न में बहुत चर्चा रही। आज भारतीय मध्य वर्गीय परिवार तक 'भारत भवन' के नाम से परिचित है।

बाक़ी अब वैसे ही चल रहा है। गर्मियों की शुरुआत है। होली बीत चुकी है और शाम के समय बहुत सुहावनी पुरवैयां हवा चला करती है। इन दिनों दिल्ली के बाग फूलों से भर जाते हैं।

अपने समाचार लिखना। जानीन को प्यार देना। मैं सोचता था कि शायद तुम इस वर्ष भारत आओ।

अच्छा—पत्र लिखना

राम

रामकुमार का पत्र

१४ सितम्बर ८२

प्रिय रज़ा,

तुम्हारा निमन्त्रण (प्रदर्शनी) का तीन महीनों के पत्र के साथ मिला। मैं आज ही तुम्हें लिख रहा हूँ जिसमें गोर्बियो छोड़ने से पूर्व तुम्हें मेरा पत्र मिल जाये।

यहाँ ये हाल सब ठीक हैं। ऑक्सफोर्ड के बाद अब Royal Academy की प्रदर्शनी की चर्चा शुरू हो गयी है। गीता, कृष्ण, रिचर्ड यहाँ से ३दिन पूर्व लन्दन चले गये। अकबर बम्बई से चला गया होगा। इस प्रदर्शनी की सफलता के लिए यहीं से एक महीना पूर्व ही काम होना शुरू हो गया था। और Tate और ऑक्सफोर्ड के बाद यह तीसरी प्रदर्शनी है जहाँ मित्रों का चुनाव भी ठीक है। देखो, क्या होता है।

मुझे तो न सरकार से कोई निमन्त्रण मिला जिससे जाने न जाने की दुविधा में नहीं पड़ा। ऐसे यात्रा करने की मेरी क़तई इच्छा नहीं थी।

लेकिन तुम न ऑक्सफोर्ड गये न लन्दन जा रहे हो—ऐसे मेरे मन में तुम्हारे जाने के बारे में संशय भी था। जो चित्रकार ऑक्सफोर्ड गये थे, वे विशेष प्रसन्न नहीं थे। ऐसे अब हम लोगों की उम्र भी नहीं है7 एकजगह टिक कर काम करें, यही बेहतर है।

अच्छा—तुम्हारी प्रदर्शनी की सफलता के लिए शुभकामनाएँ—स्वामीनाथन पेरिस गये थे, तुम नहीं थे। उन्होंने तुम्हें फ़ोन भी किया था। मेरा काम गर्मियों में ठीक रहा। इस बार मैं कहीं गया नहीं। टूल्लू और विमला एक

महीने के लिए जून में निर्मल के पास भोपाल चले गये थे।

अच्छा—तुम दोनों को प्यार।

अल्काज़ी लौट आये हैं लेकिन अब तक भेंट नहीं हो सकी।

राम

रामकुमार का पत्र

१० अगस्त

प्रिय रज़ा,

तुम्हारा पत्र गोर्बियो से कम ही एक मुद्दत के बाद मिला। पर जानकर ख़ुशी हुई कि तुम और जानीन ठीक हो और काम भी ठीक चल रहा है।

यहाँ के समाचार कोई विशेष तो है नहीं। फिर मैं इतना कट सा गया हूँ कि कुछ मालूम भी नहीं पड़ता जब तक कि कोई मुझे भटके घर आ जाता है तो कला जगत के समाचार मिल जाते हैं। यह तो पता चला कि फ्रांस और अमरीका में भारतीय महोत्सव होने वाला हैं। एक मीटिंग भी हाल ही में हुई थी फ्रांस उत्सव के बारे में जिसमें कृष्णा रिबू भी पेरिस से आयी थी। स्वामीनाथन भी इस कमेटी के एक सदस्य हैं जिन्होंने कहा कि भारतीय समकालीन कला प्रदर्शनी के विषय में लोग अधिक उत्सुक नहीं थे। यह भी पता चला कि पेरिस से कोई फ्रांसीसी आयेंगे और वही चित्रकारों का चुनाव करेंगे। हमारा कोई दूर का दख़ल भी नहीं है। यदि कोई चित्र माँगने आयेगा, तभी देखेंगे। हमारे हाथ में कुछ भी नहीं है। सब मित्र लोग ठीक हैं। कृष्ण से कभी कभी भेंट हो जाती है। वे एक होटल के लिए बहुत बड़ा काम कर रहे हैं। Panels में चित्र बना रहे हैं। कभी कभी हुसेन अपने दौरों के बीच आ जाते हैं और उन्हीं से न्यूयार्क, लन्दन, बम्बई के समाचार मिल जाते हैं। वे बहुत active हैं। तैयब को विश्वभारती (शान्तिनिकेतन) में दो वर्ष के लिए Artist पर Residence का निमन्त्रण मिला है और वह उसे स्वीकार भी कर लेगा।

कुल मिलाकर बहुत शान्त वातावरण है, कोई झगड़ा फ़साद नहीं। सब

अपनी-अपनी दुनिया में जी रहे हैं। कभी कभार मित्र मिल जाते हैं तो शराब के साथ हँसी के ठहाके सुनाई देते हैं। बाल से मिले एक ज़माना हो गया। पिछले सर्दियों में जब वे दिल्ली आये तो मैं मणिपुर और नागालैण्ड और आसाम का दौरा कर रहा था।

गर्मियाँ दिल्ली में ही बीत गयी। पहाड़ जाने का मौक़ा ही नहीं आया।

अच्छा—पत्र लिखना। यदि नये कामों के कुछ फ़ोटो लिए हों तो भेजना। देखने की उत्सुकता है। तुम्हारा Triennale वाला चित्र अकादेमी के रिचर्ड के कमरे में टँगा है जो कुछ दिन पूर्व मैंने देखा था।

अशोक भोपाल में ही हैं। उनसे भी इधर भेंट नहीं हुई।

अच्छा—हम लोगों का प्यार तुम दोनों को।

राम कुमार

राम कुमार का पत्र

३० मई

प्रिय रज़ा,

मैं यहाँ सकुशल पहुँच गया। पेरिस से हवाई जहाज में हम केवल ७ यात्री थे जिससे बहुत शान्तिसे सफ़र कट गया। इस बार पेरिस में तुम्हारे साथ रहकर बहुत अच्छा लगा और वर्षों बाद फिर एक बार क़रीब से तुम्हें जानने का अवसर मिला। मेरे रहने से तुम्हारे काम में जो बाधा पड़ी, उकसा मुझे दुख है। तुम्हारे और जानीन के स्नेह और आत्मीयता भरे व्यवहार से मुझे बहुत सुख मिला। ख़ैर, इस विषय में अधिक नहीं कहूँगा क्योंकि यह मेरे बहुत क़रीब की भावनायें हैं।

लम्बे अरसे के बाद घर लौट कर पुरानी ज़िन्दगी को वहीं से एक बार फिर शुरू करने में कुछ तो समय लगेगा। गायतोण्डे एक शाम को घर आया था जिसे मैंने न्यूयॉर्क और पेरिस की सब बातें बतायीं। कृष्ण शिमला में है। और किसी से भेंट नहीं हुई।

ऊषा मलिक से मिलकर तुम्हें पत्र लिखूँगा।

यहाँ गर्मी भयानक है।

अच्छा अभी इतना ही। तुम दोनों के लिए मेरा स्नेह।

राम कुमार

लेखक परिचय

एस. एच. रज़ा

रज़ा के.एच. आरा, एम.एफ. हुसेन, एफ़.एन. सूज़ा, और बाकरे के साथ प्रगतिशील कलाकार ग्रुप के संस्थापकों में से एक थे। १९५० में फ्रांसीसी सरकार की छात्रवृत्ति प्राप्त करने के बाद वे ईकोल नैशानल दे बूज़ार्ट आर्ट्स, पेरिस के लिये रवाना हुए। १९५६ में रज़ा को पेरिस में प्री डू ला क्रितीक से सम्मानित किया गया। १९६२ में उन्होंने यूएसए के बर्कले में कैलिफोर्निया विश्वविद्यालय में एक अतिथि व्याख्याता के रूप में कार्य किया। १९५८ में सौ पौलो बिएन्नाले, फ्रांस में १९६६, १९६८ और १९७८ में, और १९८२ में लन्दन के रॉयल्टी अकादेमी में समकालीन भारतीय चित्रकला सहित कई प्रदर्शनियों में उन्होंने भाग लिया। १९८१ में भारत के राष्ट्रपति द्वारा उन्हें पद्मश्री पुरस्कार से सम्मानित किया गया। २००७ में पद्मभूषण और २०१३ में पद्मविभूषण अवार्ड। रज़ा का देहान्त २३ जुलाई, २०१६ को दिल्ली में हुआ।

एम.एफ. हुसेन

हुसेन का जन्म १९१३ में पंढरपुर, महाराष्ट्र में हुआ था। वे एक स्व-शिक्षित कलाकार थे, एक चित्रकार बनने के संकल्प के साथ वे १९३७ में मुम्बई आये। १९४८ में, उन्हें एफ.एन. सूज़ा द्वारा प्रगतिशील कलाकार

समूह में शामिल होने के लिये आमन्त्रित किया गया था; वह एक समूह था जो भारतीय कला के लिये एक नयी शैली के विकास के लिये बनाया गया। चित्रकला के अलावा, १९६७ में उन्होंने 'द आइज़ ऑफ़ अ पेंटर' जैसी फीचर फ़िल्में बनायीं जो बर्लिन फ़िल्म फेस्टिवल में गोल्डन बियर पुरस्कार विजेता रही और २००० में 'गजगामिनी'। भारत सरकार ने उन्हें पद्मभूषण और पद्मविभूषण, दोनों प्रतिष्ठित नागरिक पुरस्कार से सम्मानित किया, हुसेन का देहान्त २०११ में लन्दन में हो गया।

अकबर पदमसी

१९२८ में मुम्बई में जन्मे, अकबर पदमसी ने पेरिस में २००८ में 'सेंसिटिव सरफेस' गैलरी हेलेन लैमारक सहित कई एकल प्रदर्शनियों में अपने कार्यों का प्रदर्शन किया है; २००७ में गैलरी, न्यूयॉर्क और पालो ऑल्टो में 'मेटास्केप तो हुमंस्केप' और २००६ में फ़ोटोग्राफ़ (२००४-०६) 'गिल्ड आर्ट गैलरी, मुम्बई में। १९९४ से, पदमसी ने पंडोल आर्ट गैलरी, मुम्बई सहित 'तृतीयक', 'कंप्यूग्राफिक', 'अमेजिंग गांधी', 'महिला नूस' और 'मिरर इमेजस', कई एकल शो आयोजित किये। पदमसी की पहली एकल प्रदर्शनी १९५२ में गैलेरी सेंट प्लेसिड में पेरिस में हुई थी।

उनकी हालिया ग्रुप प्रदर्शनियों में २००९ में लन्दन के ग्रोसवेनर गैलरी में 'आधुनिक मॉडर्न : ६२ साल की भारतीय आधुनिक कला' शामिल है; २००८ में ताओ आर्ट गैलरी, मुम्बई और फ्रीडम २००८—इण्टरनेशनल मॉडर्न आर्ट सेंटर (सीआईएमए), सेंटर फ़ॉर इण्टरनेशनल मॉडर्न आर्ट (सीआईएमए) में ७० वर्ष की स्वतन्त्रता 'फेसेस'। पंडोल आर्ट गैलरी में आयोजित प्रदर्शनी, 'रेटर्सपेक्टीव ऑफ़ वॉटर कलर्स' का आयोजन, मुम्बई में, २००४ में, और १९८० में मुम्बई में आर्ट हेरिटेज, नयी दिल्ली द्वारा आयोजित उनके कार्यों की एक और रेटर्सपेक्टीव। १९९७ में पदमसी को मध्य प्रदेश सरकार द्वारा कालिदास सम्मान से सम्मानित किया गया।

वे मुम्बई में रहते हैं और काम करते हैं।

बाल छाबड़ा

१९२३ में पंजाब में (अविभाजित भारत के हिस्से के रूप में) पैदा हुए, स्वयं शिक्षित हुए कलाकार का बहुआयामी व्यक्तित्व था; उन्हें एक कलाकार, एक गीतकार, एक शौक़ीन समाहर्ता और एक फ़िल्म निर्माता के रूप में भी मान्यता मिली थी। चित्रकला करने से पहले, बाल छाबड़ा अहमदाबाद में फ़िल्म वितरण और प्रदर्शनी के अपने परिवार के व्यवसाय में थे। वास्तव में, फ़िल्म बनाने का उनका जुनून था जिसने १९४७ में उन्हें हॉलीवुड की एक लम्बी खोजी यात्रा करायी। उन्होंने १९५० के दशक में कला बनाम प्रेम के विषय पर 'दो राहा' नामक फ़िल्म बनायी। फ़िल्म उस लड़की के बारे में थी, जिसने प्यार पर पेंटिंग को चुना। दुर्भाग्य से, यह बॉक्स ऑफ़िस पर विफल रही।

अडिग छाबड़ा ने एक और उत्पादन के लिये वित्त इकट्ठा करने के लिये एक मिशन पर काम करना शुरू कर दिया। इत्तफाक से, उन्होंने एम.एफ. हुसेन से मुलाकात की, जो उन्हें मुम्बई के भूलाभाई देसाई संस्थान में ले गये, जहाँ पण्डित रविशंकर, नाटककार इब्राहिम अल्काज़ी और कलाकार तैयब मेहता, एस.एच रज़ा, कृष्ण खन्ना, राम कुमार और वी.एस. गायतोण्डे, इकट्ठा होते थे। हुसेन और गायतोण्डे ने उन्हें चित्रकला पर अपना हाथ आज़माने का आग्रह किया। तब से, छाबड़ा ने मुड़ कर नहीं देखा। उन्होंने १९५८ में पेंटिंग शुरू कर दी थी और मुम्बई में गैलरी ५९ की स्थापना की थी, जिसकी शुरुआत उस वर्ष के नाम पर हुई थी जिसमें यह शुरू हुआ था। इसने कई युवा कलाकारों के काम को प्रदर्शित किया जैसे कि कृष्ण खन्ना, एम.एफ. हुसेन और तैयब मेहता।

छाबड़ा प्रोग्रेसिव आर्टिस्ट्स ग्रुप से जुड़े प्रतिष्ठित कलाकारों में से एक थे, जिन्होंने भारत में आज़ादी के तुरन्त बाद भारतीय वास्तविकता का वर्णन करने वाली नयी शैली की तलाश में आधुनिक कला आन्दोलन में महत्त्वपूर्ण योगदान दिया। इस समूह में लगभग १९५० के दशक में मुम्बई में काम करने वाले सभी महत्त्वपूर्ण कलाकार शामिल थे।

तैयब मेहता

१९२५ में गुजरात के कपादवन में जन्मे, तैयब मेहता का मानना था, 'कला में आपको लम्बा सफ़र करना पड़ता है, इससे पहले कि आप यह कह सकते हैं कि मैंने कुछ किया है'। प्रारम्भ में एक फ़िल्म एडिटर, पेंटिंग में उनकी दिलचस्पी ने उन्हें सर जे. जे. स्कूल ऑफ़ आर्ट, मुम्बई में स्थान दिया, जहाँ उन्होंने १९५२ में स्नातक किया। १९५९ से १९६४ के बीच वह लन्दन में रहते थे और काम करते थे। उन्होंने १९६८ में रॉकफेलर फण्ड छात्रवृत्ति पर अमेरिका का भी दौरा किया।

अधिकांश अन्य कलाकारों की तरह, भारत में प्रगतिशील कलाकार आन्दोलन के तहत, मेहता पर भी यूरोपीय आकाओं का प्रभाव पड़ा। उनकी प्रेरणा कलाकार फ्रांसिस बेकन द्वारा उपयोग किये जाने वाले भयानक विरूपण से उत्पन्न हुई, जिसका तेवर मुख और शरीर की उनकी व्याख्या से पता चलता है यहाँ तक कि २००९ में मृत्यु से पहले तक उनकी हाल की कृतियों में भी।

लक्ष्मण पै

लक्ष्मण पै का जन्म १९२६ में, मार्गो, गोवा में हुआ। उन्होंने जे. जे. स्कूल से पढ़ाई की और स्नातक होने के कुछ साल बाद तक वहाँ पढ़ाया। वे पेरिस में रहते थे और १९५१-१९६१ के उन वर्षों के दौरान उन्होंने फ्रांस और जर्मनी में कई एकल प्रदर्शनियों को अंज़ाम दिया। उनकी वापसी के तुरन्त बाद उन्हें 'फोर साइनस' चित्रकला के लिये ललित कला अकादेमी पुरस्कार मिला। उन्होंने १९६३ और १९७२ में फिर से वही पुरस्कार हासिल किया। १९७७ में गोवा कॉलेज ऑफ़ आर्ट के प्रमुख बने। उन्होंने भारत को पेरिस (१९६१) के बिएननेल्स और साओ पाउलो (१९६३) में प्रतिनिधित्व किया। १९८५ में उन्हें पद्मश्री से सम्मानित किया गया।

एस.के. बाकरे

बाकरे का जन्म १९२० में बड़ौदा में हुआ था और वे भारत में आधुनिक कला के अग्रणी, बॉम्बे प्रोग्रेसिव आर्टिस्ट्स ग्रुप के संस्थापकों में से एक थे। १९५१ में वे ब्रिटेन गये जहाँ उन्होंने जल्द ही मूर्तिकला छोड़ दी और चित्रकला पर ध्यान केन्द्रित किया। उन्होंने कॉमनवेल्थ इंस्टीट्यूट (१९५१), गैलरी एक (१९५९) और निकोलस ट्राइडवेल गैलरी (१९६९-७५) में अपनी एकल प्रदर्शनियाँ आयोजित की थीं।

बाकरे १९७५ में भारत लौट आये। बाद के वर्षों में वे एकान्तवासी हो गये थे, लेकिन उन्हें २००४ में बॉम्बे आर्ट सोसाइटी से लाइफ़टाइम अचीवमेंट अवॉर्ड मिला। २००७ में रत्नागिरी ज़िले में मुरुड-हरने में दिल का दौरा पड़ने से उनका निधन हो गया।

रुडोल्फ वॉन लेडेन

रुडोल्फ वॉन लेडेन का जन्म बर्लिन में १९०८ में हुआ था। उन्होंने एक भूविज्ञानी के रूप में भारत की यात्रा की। वे १९३८ में भारत आये और बॉम्बे आर्ट सोसायटी कमेटी के सदस्य बने। उन्हें बॉम्बे अभिजात्य वर्ग के लिये यूरोपीय आधुनिकवाद में नवीनतम रुझानों को पेश करने का श्रेय है। अपनी कलात्मक चित्तवृत्ति का अनुसरण करते हुए उन्होंने 'लिदेन वाणिज्यिक कला स्टूडियो' की स्थापना की और ४० वर्षों के लिये भारतीय उद्यमों में कार्यरत रहे। कार्ड चित्रकार हंस फोर्स्टर (१५७३) के साथ मिलकर रुडोल्फ वॉन लेडेन द्वारा एक अनुचित्र अलंकरण की ५५ पृष्ठ पुस्तिका अँग्रेज़ी और जर्मन में कर्नोफ्फेल के खेल के बारे में १९७८ में हेमेररन वेरलाग, वियेना द्वारा प्रकाशित की गयी थी। वॉन लेडेन को कोर्फेल खेल के बारे में सर्वश्रेष्ठ स्रोत के रूप में उद्धृत किया जाता है।

वाल्टर लंघमार

वाल्टर लंघमार का जन्म ऑस्ट्रिया में हुआ था। वह भारत आये जब हिटलर की सेना १९३० में द्वितीय विश्व युद्ध के आरम्भ में उनके देश में घुस गयी थी। वे बॉम्बे में बसे, जहाँ वे जल्द ही टाइम्स ऑफ़ इण्डिया के कला निर्देशक बन गये, लंघमार एक जीवन्त कला परिदृश्य के सम्पर्क में आये और आधिकारिक तौर पर संरक्षित शिक्षाविदों और आधुनिक कला के साथ प्रयोग करने वाली एक युवा विद्रोही पीढ़ी के द्वन्द्व में शामिल हो गये। लंघमार उत्तर औपनिवेशिक भारतीय कला के इतिहास में एक प्रभावशाली विशेषज्ञ और संरक्षक भी थे जो एक कलाकार भी थे।

१९४० के दशक के उत्तरार्द्ध के दौरान, प्रसिद्ध प्रगतिशील कलाकार समूह का निर्माण करने वाले युवा कलाकारों ने लंघमार में एक सुसंगत संरक्षक पाया। भारतीय प्रगतिशील कला आन्दोलन के महान आरा, रज़ा, हुसेन और सूज़ा जैसे लोग भी उनसे राय-मशविरा किया करते थे। हर रविवार, उनके अपने स्टूडियो नेपियन सी रोड पर एक खुले मंच का आयोजन होता था। वे १९३८ में बॉम्बे आर्ट सोसायटी के चेयरमैन थे। १९५२-५३ तक वे डायमंड जयंती प्रदर्शनी बॉम्बे आर्ट सोसाइटी समिति के सदस्य थे। श्री केकू गांधी के सहयोग से केमौल्ड फ्रेम्स नामक वाले चित्रों की डिजाइनिंग पर काम किया, जिसे बाद में गैलरी केमौल्ड, बॉम्बे का नामकरण किया गया। वे विज्ञान प्रबन्धक होमी भाभा, उपन्यासकार और कला आलोचक मुल्कराज आनन्द, प्रवासी कला इतिहासकार और क्यूरेटर हर्मन गोएत्ज़ और उत्तर-औपनिवेशिक भारतीय कला के लिये शिक्षाविद के साथ-साथ एक अग्रणी थे। लेकिन गुरु एक पेशेवर चित्रकार भी थे, जो ख़ुद को भारतीय सन्दर्भ में एक नयी आकृति प्रदान कर रहे थे।

इ. श्लेसिंज़र

इ. श्लेसिंज़र—बॉम्बे में भारत-फार्मा फार्मास्युटिकल वर्क्स के मालिक थे। वे एक सरगर्म कला समाहर्ता थे जिन्होंने जर्मनी में अपने संग्रह को हिटलर की हुकूमत के दौरान पीछे छोड़ दिया था। उन्होंने अपनी कम्पनी

के लिये और साथ ही अपने निजी संग्रह के लिये भारतीय युवा कलाकारों की कलाकृतियों को एकत्र करना शुरू कर दिया था।

रामकुमार

रामकुमार अपने उन सभी हमपेशा उत्तर-औपनिवेशिक भारतीय कलाकारों की पहली पीढ़ी की तरह, जिनमें एफ.एम सूज़ा, हुसेन, परितोष सेन, कृष्ण खन्ना, एस.एच. रज़ा और अकबर पदमसी जैसे लोग शामिल थे— एक अन्तरराष्ट्रीय स्तर की आंकाक्षा को मिलाकर, अपनी मातृभूमि से सशक्त रूप से जुड़ने का अथक प्रयास किया था। अपने अन्तरराष्ट्रीयवादी चित्त-वृत्ति में इस पीढ़ी ने, पेरिस के शुरुआती २० वीं शताब्दी के आधुनिक विचारों से प्रेरणा लेने के लिए लन्दन और वियेना की ओर रुख़ किया। इनसे सम्बद्ध होने के लिए, ज़रूरत के मुताबिक, एक व्यवहार्य 'भारतीय' सौन्दर्य के निर्माण में दिलचस्पी पैदा की गयी जो भारतीय पहचान के लिए गतिशील सम्बन्ध का द्योतक था। रामकुमार के लिए, इस स्वदेशी तत्त्व की खोज का मतलब महज़ 'मूल' रूपों की सतही सूची नहीं थी बल्कि इसे इनके द्वारा एक स्थैतिक और अनिवार्य भारतीय पहचान के प्रमाण के रूप में पेश किया गया है।

वासुदेव. स. गायतोण्डे

वी.एस. गायतोण्डे का जन्म १९२४ में नागपुर, महाराष्ट्र में हुआ। उन्होंने १९४८ में सर जे.जे. स्कूल ऑफ़ आर्ट से चित्रकला में डिप्लोमा प्राप्त किया। उनके काम से प्रभावित होकर, उन्हें प्रगतिशील कलाकारों के समूह में शामिल होने के लिए बुलाया गया जिसके वे एक महत्त्वपूर्ण व्यक्तित्व के रूप में उभर कर आये।

हालाँकि उन्हें एक अमूर्त चित्रकार माना जाता था, लेकिन वे अपने काम को 'ग़ैर-उद्देश्य' कहना पसन्द करते थे, और यह मानते थे कि 'अमूर्त कला जैसी कोई चीज़ नहीं है।' गायतोण्डे सम्भवतः प्रोग्रेसिव जनरेशन के

सबसे बोल्ड कलाकार हैं, कला में अमूर्त रूप को चुनने में, गायतोण्डे ने अपनी पीढ़ी के भारतीय कलाकारों के बरक्स, अपनी एक पृथक शैली विकसित की, और पेंटिंग की कला को अपने आप में पेंटिंग के रूप में आगे बढ़ाने के लिए अपना योगदान दिया। केवल रंग और तकनीक की एक त्वरित आवेग के दृग्विषय की ज़रूरत थी। कैनवस से दूर विषय की इस चेतना को उजागर करने के लिए अदम्य साहस की भी ज़रूरत थी। भारत और विदेश में कई प्रदर्शनियों में गायतोण्डे के काम को प्रदर्शित किया गया है। २०१४-१५ में, न्यूयॉर्क के सोलोमन आर गुगेनहाइम म्यूज़ियम ने उनके चित्रों का एक प्रमुख गतावलोकी आयोजन किया। गायतोण्डे को १९७१ में पद्मश्री से सम्मानित किया गया था। उन्होंने १९५७ में टोक्यो में यंग एशियन आर्टिस्ट एसोसिएशन में पहला पुरस्कार पाया और १९६४ में न्यूयॉर्क में रॉकफेलर फ़ेलोशिप। २००१ में उनका निधन हो गया।

हरि अम्बादास गाडे

हरि अम्बादास गाडे का जन्म महाराष्ट्र के अमरावती ज़िले में हुआ था। उन्होंने १९३८ में नागपुर विश्वविद्यालय से विज्ञान में स्नातक किया, और अगले वर्ष नागपुर स्कूल ऑफ़ आर्ट में दाखिला लिया। १९४४-४८ के बीच उन्होंने जबलपुर के स्पेंसर ट्रेनिंग कॉलेज में पढ़ाया और उसी दौरान एक कलाकार के रूप में अपने कौशल को निखारा। १९४९ में, उन्होंने कला में डिप्लोमा और कला में अपने परास्नातक को पूरा किया। वह प्रगतिशील कलाकार ग्रुप के छह संस्थापक सदस्यों में से एक थे और १९५६ में उसके भंग होने तक सदस्य बने रहे। गाडे आधुनिक भारतीय कला के सबसे प्रतिभाशाली चित्रकारों में से हैं और उन्हें स्वतन्त्रता के बाद के भारत के पहले अमूर्त अभिव्यक्तिवादी चित्रकारों में से एक माना जाता है। प्रगतिशील कलाकार समूह के सभी चित्रकारों की तरह, गाडे ने अकादमिक कला की परम्पराओं के ख़िलाफ़ विद्रोह किया, जिसे ब्रिटिश शिक्षा प्रणाली ने भारतीय कला शिक्षा को जकड़ रखा था। वे एक अपरम्परागत और गतिशील कलात्मक शैली में विश्वास रखते थे।

गाडे ने वॉटर कलर में परिदृश्य को चित्रित करना शुरू किया, लेकिन बाद में उन्होंने तैलचित्रों पर स्विच किया। उन्होंने अपने चित्रों में पैलेट चाकू और ब्रश दोनों का इस्तेमाल किया। उनके चित्रों में रंग एक महत्त्वपूर्ण घटक है।

वर्तमान में उनकी कृतियाँ राष्ट्रीय आधुनिक कला दीर्घा, नयी दिल्ली; बॉम्बे आर्ट सोसाइटी, बॉम्बे; ललित कला अकादेमी, नयी दिल्ली; धूमल आर्ट गैलरी, नयी दिल्ली; टाटा इन्स्टीट्यूट ऑफ़ फण्डामेंटल रिसर्च, बॉम्बे; और बैंकाक, वारसॉ, प्राग, बुडापेस्ट, बुखारेस्ट, सोफिया और वेनिस में कई अन्तरराष्ट्रीय कला दीर्घाओं में प्रदर्शित की जाती हैं।

हरि अम्बादास गाडे का निधन वर्ष २००१ में हो गया